KB147474

# 판동초등학교 어린이 기본소득

## : 학교와 마을을 잇는 공유화

현실 속의 기본소득 ❶

# 판동초등학교 어린이 기본소득

학교와 마을을 잇는 공유화

박종철출판사

이지수, 서정희, 안효상, 조광자, 한인정, 강환욱 지음

이 저서는 2021년 대한민국 교육부와 한국연구재단의 일반공동연구지원사업의 지원을
받아 수행된 연구입니다(NRF-2021S1A5A2A03070560).

이 저서의 일부는 본 저자들이 공동 작업한 다음의 논문을 수정, 보완하였음을 밝힙니다.
서정희 · 이지수 · 안효상 · 조광자 · 한인정 (2023). 「기본소득은 공유지를 어떻게 확장하
는가?: 판동초등학교 어린이 기본소득을 중심으로」, 『한국사회복지학』 75(2), 121~157.

# 차   례

# 머리말

벌써 1년 반의 세월이 흘렀다.

우리는 판동초 사람들을 만나기 위해 보은으로 향했다. 12월 말, 날씨는 춥고 스산했지만, 어른들의 손이 많이 간 판동초 교사와 운동장은 참 예쁘고 정갈했다.

작지만 단단한 학교, 학교 구성원과 마을 주민이 마음을 모아 아이들을 정성껏 돌보고 키우는 곳.

판동초에 대한 느낌이다.

연구팀이 판동초에 관심을 가진 이유는 어린이 기본소득 때문이다.

시골의 작은 초등학교에서 전교생에게 '기본소득'을 준다고? 처음에는 흥미로웠고, 그다음엔 궁금해졌다. 왜? 어떻게? 어쩌다 그런 일이 벌어지게 되었을까?

신문 기사나 짧은 동영상은 이미 많이 있었다. 판동초 어린이 기본소득은 많은 사람의 관심을 끌 만큼 새롭고 신선했다.

우리는 더 자세히 알고 싶었다. 이미 기사화된 일의 추진 과정이나 성과만이 아니라, 그 일을 벌이고 함께했던 사람들의 마음이 어떤 것이었는지 듣고 싶었다. 학교 안에 협동조합 매점을 만들고 운영하는 일이 쉽지는 않았을 것이다. 대체 판동초의 어른들은 먹고살기도 바쁜 와중에 왜 그렇게 힘든 일을 감당하려고 했을까? 아이들에게 매점과 기본소득은 어떤 의미가 있을까? 기본소득을 받고 쓰면서 아이들은 무엇을 느끼고 생각할까? 시골 학교의 선생님들은 도시의 선생님들보다 더 바쁘다던데 판동초의 선생님들은 왜 정해진 업무를 넘어서는 일에까지 힘을 쏟고 있을까?

이 책은 판동초 어린이 기본소득을 둘러싼 공동체 구성원들의 활동을 공유지 이론에 비추어 살펴보고 분석한 결과물이다. 공동체가 함께 발견하고 일구고 이용하는 공유지로 판동초를 이해할 때, 어린이 기본소득을 도입하고 시행한 것은 공유부를 공유지에 어울리는 방식으로 분배하는 일이었고 이 또한 공유지를 더욱 활성화하고 확장하는 공유화의 과정이었음을 알게 되었다.

판동초 어린이 기본소득은 농촌의 한 작은 학교에 국한된 경험이다. 그러나 개인의 몫으로 혹은 국가의 전유로 환원할 수 없는 공동의 부를 공동체 구성원 모두에게 조건 없이 배당하는 것이 왜 중요하고 필요한지 일깨워 주는 사례다. 기본소득은 단지 돈을 나누어 주는 정책이 아니다. 그것은 인류가 축적해 온 온갖 종류의 유산, 그리고 그것에 기초해서 앞으로 쌓아 가게 될 엄청난 유·무형의 자산에 대한 공유자들의 몫을 지키는 기제이다.

판동초는 공유자들이 자신의 몫을 찾고 지켜 나가는 과정에서 잃지 말아야 할 것이 연대와 협력의 가치임도 일깨워 주었다. 기본소득의 제도화와 함께, 연대와 협력의 가치가 유실되지 않고 단단한 알맹이로 남아 있는 공동체를 그려 본다.

2023년 여름, 저자들을 대표하여

이지수

# 제1부

## 판동초에서 일어난 일

# 제1장
# 모두의 맛동산, 어린이 기본소득

### 판동초등학교 교사 강환욱

> 강환욱 선생님은 판동초의 매점 "팔판동협동조합 빛들마루"를 만들고 어린이 기본소득을 도입하는 데 주도적인 역할을 한 판동초의 교사다. 제1장은 강환욱 선생님이 팔판동협동조합의 설립과 기본소득의 도입 과정, 그리고 그 의미를 정리하여 작성한 글이다.
> 강 선생님은 인터뷰 대상자의 한 명으로 이 연구에 참여하였고, 연구진으로서 질적 자료 분석과정에 참여하지는 않았다. 그러나 판동초 어린이 기본소득에 대해 가장 많이 생각하고 가장 주도적으로 행동한 선생님의 시선을 이 책에 담고자 하는 저자들의 요청으로 원고를 작성했음을 밝힌다.

**1**

오로지 논과 밭뿐이다. 벼, 대추, 사과, 복숭아, 그리고 소. 이것들만이 학교를 둘러싸고 있다.

정문 앞을 나서면, 한 시간에 한 번 정도 오는 마을버스를 탈 수 있는 정류장 말곤 아무것도 없다.

그래서 여기 아이들에겐 학교가 학교 그 이상이다. 학교의 몫이 아주 크다.

**2**

"학교에 매점을 하면 어떨까요?"

교장선생님이 좀 놀라신 것 같다.

"그래요 이야기해 보세요."

"우연히 공문을 하나 봤는데요, 학교에 협동조합을 설립하려는 곳이 있다면 도교육청에서 3천만 원을 지원해 준다고 하더라고요. 학교 주변에 아이들을 위한 편의시설이 없으니 교내에 매점이 있으면 좋겠다는 생각이 들었어요."

"그렇긴 하죠."

"구성원들이, 그러니까 학생들도 함께 운영할 수 있는 협동조합형 매점을 만들면 좋지 않을까 싶습니다."

"아이고, 선생님 근무를 시작하기도 전에 이렇게 관심을 갖고. 무척 고맙네요."

2018년에 이 학교로 소속을 옮겼다.

그해는 학습연구년이었다. 내 시간을 내가 온전히 주도적으로 사용한 것은 처음이었고, 우물을 벗어나 살아 보니 참 좋았다.

그러니까 2019년, 새로 옮긴 학교에서 이제 막 근무를 시작하려는 사람이 꽤 큰일을 벌이자는 제안을 한 것이다.

기존에 있는 사람들의 입장에서는 당혹스러울 수 있다.

"그래요. 강 선생님, 이 사업은 몇 학교를 지원해 준다고 해요?"

"한 개 학교에요."

"여러 학교가 달려들지 않을까요?"

"경쟁률은 잘 모르겠어요."

"되면 좋을 것 같긴 한데……. 선생님들과도 상의해 보시겠어요?

"네. 자리를 좀 만들어 주세요."

4

다행히도 반대하는 사람은 없었다. 오히려 초등학교에 매점이 생길수도 있다는 것을 신선하게 여겼다.

학교 안의 오아시스. 앞다퉈 달려가던 곳.

정체 모를 고기패티가 들어 있는 햄버거를 전자레인지에 봉지째 돌려서 자주 먹었던 기억이 난다.

"협동조합이니까 같이 준비할 발기인이 필요하거든요. 여기에 관심을 가질 만한 학부모 몇 분만 소개해 주세요."

네 분의 학부모님을 만났고, 학교 매점을 만들려 한다는 것을 반가워하며 적극 도와주시겠다고 약속했다.

아이들이 분명 당연히 좋아할 것이고, 더군다나 간식은 100퍼센트 생협의 친환경 제품으로 채워서 불량 식품 걱정이 없게 할 것이라고 했으니 말이다.

아이들이 조합원 자격으로 사업의 운영을 함께할 수 있다는 것 또한 매력적인 요소였다.

사업 공모계획서를 제출했다. 생소한 양식이라 쓰는 것이 쉽지 않았다.

결과는 선정!

"우리만 신청했었다네?"

1 대 1의 경쟁률이었다니!

아무도 관심을 두지 않았던 첫 관문을 통과한 뒤에는 두 종류의 일거리가 있다.

흥미로운 일은 돈 쓰는 일. 필요한 물건을 구매하고 공간을 바꾸는 일.

비록 내 것은 아니지만 소비 욕구가 대리 충족되는 것 같다.

새로운 공간에서 즐거워할 아이들이 상상되니 이런 경우에는 돈 쓰는 일은 흥미롭다.

많은 선생님들이 의무가 아닌 일을 맡아 돈의 쓰임을 기획하고 살림을 하느라 상당한 에너지를 쏟는다. 물질적 보상은 없다. 그래도 마음을 쓴다. 거기엔 분명 변화가 따라오고 아이들은 혜택을 받는다.

반면에 흥미롭지 않은 일거리도 있다. 주로 서류를 감당하는 일이 그렇다.

법적 인가를 받고 사업자등록을 하는 일을 비롯하여 사람을 지치게 하는 서류들이 참 많다. '분명 간소화가 가능할 것 같은데' 하는 생각이 몸과 머리를 더 무겁게 누른다.

결과적으로 매점은 학교 안에 있지만 학교와는 다른 사업자가 되었다. 그러므로 교실 한 칸에 대한 임대료 및 전기 사용료 등을 학교에 납부해야 한다. 교육과 복지의 공간임에도 불구하고 서류상으로 그러니 그래야 한단다.


**8**

6학년 아이들은 이 학교에서의 시간이 얼마 남지 않았다. 내가 무겁다고 천천히 여유롭게 진행하면 그들은 매점을 맛보지 못하고 졸업할 것이다.

그것은 너무 안타까운 일이다. 구경만 하다가 떠나게 할 수는 없다. 상반기에 부지런히 움직여서 9월에 오픈하는 것을 목표로 잡았다.

문이 투명하여 안이 보이는 냉장고를 '쇼케이스 냉장고'라고 부른다는 것, 포스기 업체를 통해 여러 카드사와 계약을 맺을 수 있다는 것을 알았다.

아무래도 아이스크림이나 핫도그에 대한 수요가 많을 테니 냉동고는 꽤 큰 것으로 고르고, 재고를 보관하기 위한 양문형 냉장고도 둘 필요가 있겠다. 전자레인지는 두 대 정도, 청소기는 무선으로, 주문용 노트북 구입까지 마치니 가전제품이 어느 정도 갖춰진 것 같다.

포스기를 가운데 두고 좌측에는 일반 과자류를, 우측에는 문구류와 냉장·냉동 제품을, 중앙에는 긴 테이블 두 개와 의자를 두면 되겠다.

오래된 작고 낡은 싱크대는 넓히고 아일랜드 식탁을 놓을 것이다.

**10**

아이들은 한창 자라난다. 먹거리는 특히 해롭지 않아야 하고 아이들에게 자신 있게 권할 수 있어야 할 것이다. 화학적 식품첨가물이 정신과 신체에 해롭다는 것을 알고 교육하면서, 정작 그런 가짜의 맛을 내는 것들이 잔뜩 들어간 간식을 제공하는 것을 심각히 되돌아봐야 한다. 가르치는 것과 행동이 일치하지 않는 어른을 보면 아이들은 매우 혼란스럽다. 오히려 거짓을 배운다. 흡연을 하면서 흡연예방교육을 할 수는 없다.

영리 추구에만 혈안이 된 기업의 상술과 자극에 끌려다니지 말아야 한다. 많은 아이들이 몸은 화학첨가물에, 영혼은 스마트폰에 잠식당한 것 같다. 병원과 기업 외에 웃을 수 있는 곳이 있을까? 학교에 학생이 와야 하는데 환자가 오는 것 같기도 하다.

아이들이 보호받지 못하고 있는 것 같다. 돈은 돈대로 쓰면서 말이다.

**11**

여기저기 알아보니 생협의 간식들은 믿을 만했다. 자연드림, 한살림, 초록마을 등에서 만드는 간식들은 달랐다. 주로 우리 밀을 썼고 정체 모를 첨가물을 최소화하려는 것 같았다.

그중 자연드림과 계약을 맺었다.

딱 하나의 문제는 냉동 제품의 배송이 불가하다는 것이다. 지역에 생협 매장이 없으니 물류 트럭이 들어오지 않는다. 과자류야 택배로 받으면 되지만 아이스크림이나 만두, 핫도그 같은 것들은 인근 도시로 나가서 차에 실어 올 수밖에 없는 것이다.

어쩔 수 없다. 가끔 도시 나들이를 나가야겠다.

매점을 꾸미는 막바지, 여름방학.

학부모 이사들과 몇몇 6학년 학생들이 손을 보탰다. 가전제품과 가구를 배치하고, 성에 차지 않는 리모델링 결과를 페인트칠로 보완했다.

첫 간식들을 오와 열을 맞추어 진열하고, 카페 느낌이 나는 전구를 끼웠다.

칠판에는 가격표를 적었다.

여러모로 학부모 이사들이 자기 집을 꾸미듯이 정성을 보태 주셨다.

2019년 9월 6일, 개점했다. 목표 달성이다.

커팅식을 하고, 축사를 들었으며, 학생 대표가 매점의 의미와 활용 방안에 대하여 설명했다.

개업하자마자 매점이 붐볐다.

이것이 오픈런인가?

그들의 얼굴은 설렘으로 상기되어 있다.

당분간 아이들은 머릿속에 매점 생각이 나서 수업에 집중하기 조금 어려울 수도 있겠다. 개업 효과이니 한 달은 봐주자.

**14**

참 많이도 먹는다 싶다.

"그렇게 먹다가 배 터지는 거 아냐?"

"이 정도 가지고요?"

핫도그에 과자에 음료까지 먹었으면서 더 먹을 수 있다는 의기양양함.

맞다. 배는 터지지 않았지만 속은 터진다. 특히 영양선생님 속이.

누구나 예측한다. '쟤들 쉬는 시간에 저리 먹고 급식을 제대로 먹겠어?'

그러나 이 아이들은 다르다. 쉬는 시간에 뭔가를 배불리 먹은 뒤에 급식을 마주한 적이 없다. 그러니 자신만만하다.

"이따가 급식도 잘 먹을 수 있겠어?"

"아유 당연하죠. 금방 소화하죠." 대부분 아이들의 반응이다.


**15**

곧 깨닫는다. 자신의 소화능력을 과대평가했음을.

쉬는 시간으로부터 1시간 20분이 지나 점심시간이 되어도 배가 고프지 않음을, 소화가 그리 신속하게 되지 않음을 몇 번의 경험으로 알게 된다.

"아유, 선생님 배가 부르니까 급식이 예전처럼 맛있지 않네요."

"조금만 주세요. 더 조금이요."

잔반의 봉우리는 예전에 비해 훨씬 높아졌고 그 화살은 매점으로 향한다.

영양선생님은 속이 탔다. 하지만 잘 기다려 주셨다.


**16**

"매점이 생겨서 급식이 예전처럼 맛있지 않다며? 뭐가 문제 같아?"

"너무 많이 먹어요."

"맞아요. 장난 아니게 먹어요."

"좀 제한이 필요해요."

어떤 결과가 뻔히 예상된다고 하더라도 그런 경험 자체를 지나치게 제한하는 것은 바람직하지 않은 것 같다. 직접 겪어 봐야 알 수 있고 그래서 이해되며 수긍할 수 있는 것들이 많다. 그러면 아이들과의 이야기도 자연스럽다.

기다림과 개입의 줄타기 속에 살아가는 곳이 학교 같다.

새로 생긴 규칙: 중간놀이 시간에 먹을 것 1개만 먹기.

시행착오 뒤에는 규칙을 정하기 쉽다. 폭주했던 초기와 다른 이 어마어마한 규칙에 공감하지 못하는 아이들이 한 명도 없는 것을 보면 말이다.

슬슬 매점의 운영이 정착되어 간다. 어린이 매니저들이 능숙해지고 있다.

그들은 10시 25분 중간놀이 시간이 되면 제일 빨리 매점으로 가서 문을 열고 포스기를 작동시킨 뒤 계산대를 지킨다. 손님들이 물건을 가지고 오면 바코드를 찍고, 얼마인지 말해 준 뒤 돈을 받고 잔돈을 거슬러 준다.

손님 중에서 유치원, 1학년의 어린 친구들에게는 알려 줘야 하는 것이 많단다. 어떤 색깔의 돈을 내야 하는지 잘 모르기도 하고, 또 잔돈을 세고 있으면 어느새 쿨하게 뒤돌아 자기 갈 길 가고 있으니 말이다. 그런데 점차 물건의 가격을 인식하며 수학 공부에 도움이 된다고 한다.

매니저들은 5, 6학년 중에서 희망하는 학생들로 이뤄져 있다. 2주에 한 번 정도 자기 순서가 오고, 약 30분가량의 중간놀이 시간에 봉사를 한다. 여러모로 귀한 친구들이다. 재미있어서 한단다. 바코드 찍는 것이 특히 그렇다고 한다.

"힘들지는 않아?"

"당연히 힘들죠."

"어떤 것들이?"

"가끔 돈을 던지듯이 내는 애들이 있어요."

"월요일엔 손님이 너무 많아요."

"소리치는 애들 때문에 시끄러워요."

"조용히 하라고 해도 말을 안 듣는 애들이 있어요."

"전자레인지에 핫바 돌리려고 그릇을 써 놓고 제대로 설거지를 안 하고 가는 애들이 있어요. 그냥 물만 적셨는지 기름기가 그대로 남아 있더라고요."

"음료수 종이 팩을 그냥 쓰레기통에 버리기도 해요."

아이들이 극한 알바의 현장에 있구나 싶다.

"그지? 아이들이 말을 참 안 들어서 답답하겠다."

"맞아요."

"선생님들은 그런 걸 매일 느끼고 있지."

"아~"

선생님들의 고충을 알게 되는 효과도 있다.


처음은 어렵고 손이 많이 간다. 문화나 습관이 형성되지 않았기 때문이다.

생애 처음으로 뭔가를 혼자 사 보는 아이들은 돈을 어떻게 건네야 하는지, 줄을 어떻게 서야 하는지, 분리수거를 어떻게 해야 하는지 잘 모르는 상태다. 그래서 모르는 것은 알려 줘야 하고, 그 후에도 같은 일이 반복되면 이야기해 주어 반성하게 해야 한다.

초기에는 운동장에서 간식 쓰레기들이 자주 보였다. 밖에서 신나게 놀며 먹다가 쓰레기는 무심코 놓고 오는 것이다. 이런 일들을 다루기에 아이들 회의가 참 좋다. 그들이 문제점을 스스로 꺼내 놓고 이야기를 나누는 것이 어른의 일방적 훈계보다 효과적임을 느낀다.

**21**

"생각해 보니까 너희 매니저들이 정말 고생하는 것 같아."

"아시는군요."

"그래서 말인데 너희들 월급 받을래?"

"오! 좋아요!"

"소오름."

"얼마가 적당할까?"

봉사와 월급이란 단어 조합이 어울리진 않는다. 수고비란 표현이 더 정확하겠으나 아이들은 월급이란 말을 더 좋아한다. 살짝 직장인이 된 느낌일까?

"한 …… 만 원 어때요?"

"만 원?"

"네."

"좀 세다야. 우리 저 천오백 원짜리 과자 팔아서 얼마 남는지 알지? 백 원도 안 남아."

"그죠."

"만 원 벌려면 저거 100봉지 넘게 팔아야 해. 좀 봐줘."

"네. 애들이랑 좀 생각해 볼게요."

매니저이면서 조합원이고 손님이기도 한 아이들은 매점의 주인이나 다름없다. 그러니 매점의 상황을 누구보다 잘 안다. 자신들의 월급 때문에 매점을 곤란하게 할 생각은 없다.

매니저가 8명이니 월급으로 8만 원을 지출하면 매점은 망할 것이다. 학생들이 소수고 최저 마진으로 가격을 책정해서 월 순이익이 10만 원 내외인 것 같다.

그나저나 월급 이야기를 먼저 꺼내 놓고 사정을 봐달라고 하니 모양이 좀 빠진다.

"선생님, 이천 원이요."

"땡큐! 대신 가끔 치킨 회식 시켜 줄게."

"예쓰!"

회식이란 말도 참 좋아한다.

매점을 열고 9개월 정도 지난 것 같다.

슈퍼마켓을 가려면 최소 20분을 걸어가야 하는 곳에서 매점은 아이들이 갈 수 있는 유일한 편의 공간으로 자리 잡았다. 공책, 연필, 샤프, 지우개, 풀, 팬시류나 소소한 장난감이 있기도 하니, 매점 그 이상이라고도 할 수 있다.

그런데 매점에 오는 아이들이 정해져 있다는 느낌이 든다.

회의 시간에 이유를 물어보니까 안 오는 게 아니라 못 오는 거였다. 누구는 용돈이 있고 누구는 없으니, 그로 인한 권리의 격차가 이 어린 시절부터 존재하는 것이었다. 의도치 않았으나 그것을 드러나게 한 주범이 매점이었다. 문턱이 있을 줄 몰랐다.

　이 학교의 매점은 누군가가 영리를 추구하는 상업 시설이 아니라 복지의 공간이자 교육의 장소로 만든 곳이다. 그러니 모두가 이용할 수 있어야 한다. 알게 되었으니 해결해야 한다. 아이들은 이미 구조 신호를 보냈다.

**24**

　이런 불평등을 빨리, 그리고 오래도록 느낀 아이들은 서러움이 깊게 남는다. 그리고 서러움, 서운함은 부정적 감정이기에 불안해진다. 불안하고 싶은 사람은 없다. 오래 불안하면 그때부터는 화가 난다.

　그러니 아이들의 서러움이 분노가 되기 전에 해결책을 찾아야 한다. 아이들이 학교라는 첫 사회, 작은 사회에 대해 좋은 감정을 오래도록 품을 수 있게 애쓰는 것이 학교에 있는 어른들의 역할이다. 매점이 원망스러운 방해꾼이 되면 안 된다.

**25**

　유일한 문제가 돈이니까 돈을 해결해 주고 싶다.

　복잡한 문제가 아니니까 다행인데, 돈을 어디서 구하지?

　답을 알겠는데 풀어내지 못하는 시간이 길어진다.

**26**

　전화가 왔다.

　"선생님 잘 지내시죠? 제 지인 중에 학교에 기부금을 내고 싶다는 사람이 있어요."

　너무 놀랍다. 어떻게 알고 이 시점에 이런 손길을?

종종 퍼즐 판 위에 있는 것 같다는 생각이 들 때가 있다. 그려야 할 그림이 예정되어 있다는 느낌.

간혹 퍼즐 조각을 찾지 못해 고민하고 있을 때면 누군가가 나타나 조각 하나를 전해 준다.

이 전화처럼.

개인적으로 마을 분들 몇몇과 작은 협동조합 모임을 하고 있다. 4년 전부터는 충북문화재단의 문화예술교육 지원사업을 통해 토요일을 활용하여 아이들을 모아 목공 학교를 운영하고 있다. 아이들이 손으로 할 줄 아는 것이 많아지기를 바라는 생각으로 수업을 꾸리고 있고, 그중에는 다른 지역에서 오는 아이들도 있다.

수업 중간에는 간식을 제공하는데, 주로 자연드림에서 음료, 소시지, 라면 등을 사 오곤 했다. 지금도 그렇지만 자연드림이나 한살림 같은 생협에서 장을 보는 사람들은 아직 소수인 것 같다. 그래서인지 한 학부모가 음료 팩을 보고 반가워했다.

"어머 자연드림이네요? 저 여기 활동가예요!"

그렇게 진영 님과 이야기를 나누었다. 시골 작은 학교에서 매점을 시작했고 아이들이 어리기에 믿을 수 있는 간식을 제공하고 싶어서 생협을 선택했다고 말이다.

"초등학교에 매점이 있어요? 너무 궁금해요. 사람들이랑 한번 놀러 가도 될까요?"

희소한 공통분모는 강한 친밀감을 느끼게 한다. 한편으론 우리가 고생하여 만든 결과물을 궁금해하니 고마운 마음이 들기도 한다.

궁금해하는 것만으로도 격려가 되는구나.

**29**

그렇게 학교 매점에 첫 방문객이 왔다. 진영 님과 같이 온 사람 중에는 종예 님이란 분이 있었다. 당시 청주YWCA 아이쿱생협 이사장직을 맡고 있다고 했다. 초등학교에서 매점을 하고 있다는 점에, 더군다나 자신들이 몸을 담고 있는 브랜드의 제품만을 판다는 점에 감동을 받았다고 했다.

"선생님 너무 좋네요. 초등학교에 이런 공간이 있을 줄은 생각도 못했어요."

**30**

종예 님은 뭐라도 도움을 주고 싶다고 했었다. 그로부터 몇 개월 뒤에 진짜 도움의 전화를 걸어왔다. 무려 백만 원짜리 퍼즐 조각을 건네며.

"미국에 사는 제 친구가 있어요. 얼마 전에 그 친구 어머님이 돌아가셨는데, 어머님 이름으로 좋은 곳에 기부를 하고 싶어 해요. 그래서 판동초가 생각났어요. 그렇게 큰 금액은 아니에요. 백만 원이에요."

"이사장님 어떻게 아셨어요? 제가 정말 고민이 있거든요."

"뭔데요?"

"우리 애들이 매점 이용하는 걸 가만히 지켜보니, 오는 아이들만 오더라고요. 근데 그걸 그 아이들도 파악했어요. 자기들만 이용하는 것 같다고 말이죠. 그래서 왠지 미안한 마음이 든다고요."

"아이고, 그랬어요? 그래서요?"

"아이들 전체 회의 시간에 물어보았죠. 아이들은 솔직하잖아요.

절반 훌쩍 넘는 아이들이 '매점을 잘 이용하지 못한다.', '자기는 용돈이 없다.', '슬프다', 그러더라고요. 그래서 정말 아차 싶었어요. 모두가 먹는 즐거움을 느끼면서 더 재미있게 학교를 다니게 될 줄 알았는데 누군가에겐 문턱이 있었던 거예요. 그런데 용돈의 유무라는 게 가정마다 그 나름의 이유가 있잖아요."

"물론이죠."

"저도 아직 제 아들들에게 용돈을 주지 않거든요. 용돈에 대한 생각, 시기, 필요성, 여건, 이런 것들이 모두 다를 텐데, 우리 학교에 매점이 생겼으니 아이들에게 용돈을 챙겨 달라고 말하는 것은 아닌 것 같고, 결국 결자해지를 해야겠더라고요."

"어떤 해결책을 생각했어요?"

"결국 돈이 없는 게 문제잖아요. 그래서 단순하게 어느 정도의 돈을 주면 되겠다 싶어요. 이 학교 학생이면 누구에게나. 조건 따지지 않고 정기적으로요."

요즘 아이들이 얼마나 귀한가! 존재하는 것 자체로도 고마운 일이다. 이렇게 작은 시골에서는 더욱 그렇다.

뭔가를 잘했다고 보상으로 주는 것이 아니고 잘못했다고 주던 것이 사라지지도 않는, 일종의 무조건적인 복지의 도구가 필요하다.

"그거 기본소득이랑 비슷하네요?"

"역시 아시는군요!"

고민이 길어지고 있을 때 우연히 신문 기사를 봤다. 기본소득이라는 단어가 눈에 들어왔다. 그 개념은 명쾌했다. '국가가 국민에게 최소한의 인간다운 삶을 누리도록 조건 없이 지급하는 소득.'

아이들에겐 학교가 국가와도 같을 것이다. 최소한의 인간다운 삶이 무엇인지 정의가 가능한지 모르겠으나, 지나치게 조건을 따지고 경쟁을 과열시키는 것들은 인간다운 삶의 반대편 같다는 생각이 든다.

조건 없이 준다.

모두에게 개별적으로 준다.

정기적으로 준다.

현금처럼 쓸 수 있는 것을 준다.

기본소득이 가지고 있는 네 가지 특성이다. 우리의 고민에 딱 맞는다고 생각했다. 우리에게 필요한 개념이었다.

어떤 복지제도가 그 제도를 실행하는 사람에게, 또 제도의 수혜를 받거나 받지 못하는 사람에게 고통이 되면 곤란하다. 선별하는 공무원은 몸과 마음이 고통스럽다. 선별되어 혜택을 받아도 낙인이 찍혀 자존감에 상처가 나서 고통스럽다. 선별되지 못하면 혜택을 받지 못해 억울하여 고통스럽다. 그렇다면 그 제도는 보완이 필요할 것이다.

여러모로 고통의 근원은 '선별'로 보였다.

반면, 기본소득이란 제도는 선별하는 과정이 없으니 모두가 즐겁게 이용할 수 있겠다는 생각이 들었다.

"이사장님, 어린이 기본소득을 하고 싶어요."

"선생님 너무 좋은 생각이에요. 정말 좋은 제도고 우리나라에 필요한 제도에요. 독일 같은 선진국에서는 관련된 실험도 하고 있어요. 우리나라는 너무 경쟁하고 조건을 봐요. 이런 무조건적인 제도가 있어야 메마른 사회에 단비가 되어줄 텐데요."

"기부금을 보내 주시면 어린이 기본소득을 바로 시작해 볼게요."

**34**

기부금이라는 총알이 생겼다. 생각지도 못한 일이다.

서둘러 진행해야겠다. 그래야 아이들에게 서운한 시간을 조금이라도 줄일 수 있다.


**35**

반가운 소식을 학교에 전했고, 기부금 기탁식을 마련했다. 다들 이렇게 운이 좋을 수 있냐고 했다.

잘 모르시는 것 같다. 인연 뒤에 행운이 함께 다가온 느낌을.


**36**

한 주 뒤, 아이들에게 어린이 기본소득제도에 대해 안내했고, 복도에 판을 하나 걸었다.

그 판에는 아이들 각각의 이름이 적힌 봉투를 붙였고, 매점 전용으로 제작한 화폐를 월요일 아침에 모든 봉투에 두 장씩 넣기로 했다. 2천 원에 해당하는 액수다. 많은 액수가 아니지만 우선 시작한 뒤에 반응을 보면 될 것 같다. 백만 원이면 10주가량 운영할 수 있다.


**37**

월요일, 자체 화폐, 각자의 봉투.

이 세 가지에는 그 나름의 이유가 있다.

1. 아이들도 월요병이 있다. 월요일 아침에 받으면 월요병 퇴치에 도움이 될 것이다. 아이들도 그것이 제일 좋다고 했다.

2. 현금으로 주면 누군가는 게임 아이템 등 취지에 맞지 않게 사용될 가능성이 있다. 귀한 기부금이고 목적성이 뚜렷한 제도이기에 교내에서만 사용이 가능한 자체의 화폐를 쓰는 것이 좋을 것 같다.

3. 어른의 손을 통해 주면 용돈의 이미지를 갖게 된다. 용돈은 더 가진 자가 덜 가진 자에게 베푸는 호혜적 이미지가 강하고, 따라서 주는 대

상에게 잘 보여야 할 것 같다는 마음을 품을 수 있다. 이 제도는 복종을 위한 것이 아니다. 각자의 봉투에서 너나없이 모두 스스로 뽑아 간다면 누군가의 눈치를 볼 일도, 상처받을 일도 없을 것이다.

다만, 월요일 아침에 좀 번거로울 것 같다.

어린이 기본소득제를 시작했다.

아이들이 참 좋아한다.

못 보던 얼굴이 매점에 많아졌다.

밝아졌다. 막혔던 무언가가 뚫린 느낌이다.

행복한 고민을 하는 표정이 귀엽다.

어린이 기본소득제 시행에 대한 보도 자료를 작성했다.

조금 특별한 행사나 활동에 대해서는 가끔 보도 자료를 작성해서 보낸다. 시켜서 할 때도 있지만 대부분은 그냥 쓴다. 이번 보도 자료는 기분이 좋아서 썼다.

보도 자료는 학교를 알리는 기회가 될 수도 있고 누군가에게는 정보가 될 수도 있다. 기사로 나온 결과물 보고 마음이 뿌듯한 사람도 있었다. 학교 매점을 열었을 때도 보도 자료를 써서 보냈었다.

이번 보도 자료는 반응이 좀 다르다.

기사가 나간 다음부터 학교로 전화가 많이 오고 있다. 주로 신문사다. 아무래도 어린이에게 기본소득을 지급한다는 '조합'이 생소하기 때문인 것 같다.

전화로 추가적인 질문을 받고 대답했다.


**41**

새로운 기사가 뜬다. 전화 인터뷰 내용이 추가되어 내가 쓴 보도 자료보다 훨씬 자세해졌다.

의미 있는 기록으로 남으면 좋겠다.


**42**

학교에 새로운 풍경들이 보인다.

"저번에는 민서가 저 사 줬고요, 이번에는 제가 사 주는 거예요."

둘의 표정이 뿌듯해 보인다.

'맞아. 먹을 것을 주고받으며 더 친해졌었지. 이 아이들도 이제 그 기분을 아는 거구나.'

이렇게 사 주거나 얻어먹는 장면을 심심치 않게 볼 수 있다. 그런 것을 배운 적이 없으며 자기 혼자 쓰기에도 빠듯할 텐데, 친구에게 먹을 것을 선뜻 사 준다. 어찌 보면 전 재산을 건네는 것과 다름없다.

아이들도 관계를 추구한다. 맛있는 것을 주고받으면 관계가 돈독해짐을 안다.

그러면서 마음도 채운다. 타인을 위한 소비가 자신의 마음을 풍족하게 해 줌을 느끼는 것 같다.

이런 경험이 도덕 교과서보다 나을 수도 있겠다.


**43**

한 시민 단체로부터 연락 요청이 와 있다. 수업을 마치고 전화했다.

자신이 대표라며 대뜸 따진다.

"초등학생이 무슨 일을 한다고 소득을 줍니까?"

삐딱한 시선이 느껴진다.

"어린이는 본분이 학생이고 그들이 하는 일은 학교에 나와서 공부를 하고 관계를 맺는 거죠. 그 일을 매일 하고 있습니다. 받을 자격이 충분합니다."

"학생에게 돈을 주는 게 말이 됩니까?"

"실제 돈은 아니고요, 자체 화폐고 자체의 복지 개념입니다. 급식, 교과서, 우유, 교육, 간식, 이런 것들도 다 학교에서 무상으로 제공하죠? 그런 것들과 크게 다르지 않습니다. 매점에 가고 싶어도 가지 못하는 아이들이 얼마나 안타깝습니까?"

"그야 그런데 왜 하필 기본소득이에요?"

"그건 기본소득이 가지고 있는 의미나 특징이 저희 고민과 맞닿아 있어서 그렇습니다."

"그런 식으로 ○ ○ ○ 띄워 주면 되겠어요?"

진의는 여기에 있었다.

"저는 그 정치인을 잘 모릅니다."

"아무튼 계속 기본소득이란 말을 쓰면 교육청에 항의할 겁니다."

사람들의 발길이 거의 닿지 않는 시골의 학교에서 시행하는 작은 제도에 사회의 구태의연하고 낡은 정치적 대립 구도를 끌어들이는 것이 놀랍다. 색깔로 좌우를 나누는 것은 참 지겹다. 그 사이에 본질이 있는지 모르겠다. 정의와 비정의로 나누면 단순할 텐데.

자신의 색채로만 재단하려는 사람은 피하는 것이 상책이겠다는 생각이 든다.

하지만 큰 소득이 있다. '내가 기본소득에 대해서 너무 모르는 것 아닌가?' 하는 생각이 든 것이다. 검색을 했고 다음의 것들을 알게 되었다.

• 기본소득에 대해 연구하고 있는 '기본소득네트워크'가 전 세계에 있고 우리나라에는 '기본소득한국네트워크'가 있다.

• 기본소득에 대한 찬반의 여론이 있다. 물론 대다수는 관심이 적다.

• 기본소득을 여러 사회문제를 해결하기 위한 하나의 실마리로 여기고 주장하는 정치인들이 있다.

• 기본소득을 단순한 포퓰리즘으로 바라보는 정치인들이 있다.

"기본소득"이라는 용어를 사용함에 있어서 누군가의 허락을 맡아야 하는 것은 아니겠지만, 전문적으로 연구하는 곳에 자문을 얻었어야 했다는 생각이 들었다.

순서가 바뀌었지만 바로 기본소득한국네트워크에 가입했다. 유료였다. 잠시 망설였지만 그래도 했다.

아침에 일어나 보니 교감선생님으로부터 톡이 와 있다.

"강 선생 봤어? ㅇㅇㅇ이 우리 학교 기사 보고 감동 받았대."

"헉!"

아주 유명한 정치인이 자신의 SNS에 어린이 기본소득 기사를 읽은 뒤 감동을 받았다는 글을 썼고, 그로 인해 다수의 기사가 생성된 모양이다.

학교로 전화가 더 많이 온다. 방송사에서도 연락이 온다.

47

인터뷰 요청은 계속 이어졌다.

추가적인 자료를 요청하기도 했고 학교로 와서 인터뷰를 하거나 촬

영을 하기도 했다. 살면서 이렇게 인터뷰를 많이 할 일은 다신 없을 것이었다.

에너지가 많이 들었지만, 최대한 성심껏 임하려고 했고 의도가 곡해되지 않기를 바랐다. 삐딱한 시선으로 인해 아이들이 상처를 받는 일은 없어야 했다.

특히 기사나 영상에 달린 댓글은 폭력적인 경우가 있다. 간혹 그것을 보고 분노하는 아이들이 있다.

"선생님, 우리 공산주의 아닌데요!"

**48**

다행히도 대부분의 매체에서는 어린이 기본소득에 대하여 우호적으로, 사실대로 담으려고 해 주는 것 같다. 초등학교에도 매점이 있다는 것이 신기했던 모양이고, 이를 이용하지 못했던 어린이들을 위해 어린이 기본소득이 필요한 제도라는 데 공감해 주었다.

덕분에 기부의 마음을 담은 전화가 이어졌다. 제도를 시작할 수 있게 해 준 첫 백만 원의 기부금이 떨어지기 전에 말이다!

처음 보도 자료를 쓸 때 이런 노림수는 전혀 없었다. 그런데 그것이 결국 큰 역할을 한 셈이다.

**49**

기본소득한국네트워크에서 매년 백만 원의 기부를 결정했다는 연락을 받았다.

한 번이 아니라 매년!

기본소득한국네트워크를 알게 된 이후로 든든함을 느낀다. 무조건적인 지지를 받는다는 것이 이런 것이구나.

아무도 창피해하지 않는다. 자기의 몫을 가져가고 씀에 있어서.

이 아이들은 공통의 경험을 하고 있고 유대감을 느끼고 있다. 이쯤 되면 문화라고 할 수도 있겠다.

월요일 중간놀이 시간이 되면 빠른 걸음으로 6학년 교실 앞으로 와서 자기 봉투에 있는 것을 꺼내 간다. 예전에는 월요일이 싫었는데 이제는 좋다고 한다.

어떤 아이들은 깜빡한다. 저번 주에 가져가지 않은 것까지 쌓여 있다. 그러다가 생각이 나면, 혹은 매점에 핫한 물건이 들어왔다는 소문이 전해지면, 그제서야 챙겨 가기도 한다.

아이들도 욕심이 있다. 하지만 남의 것을 탐하지는 않는다.

"선생님 제 것을 누가 가져갔어요!"라는 신고는 한 번도 없었다.

같은 제도를 공유하고 그 안에서 즐겁고 맛있는 학교 삶을 펼쳐 가고 있다. 이전과는 확연히 달라 보인다. 소수만 이용할 때와 지금 모두가 이용할 때가 말이다.

그리고 당당하다. 그것이 참 좋다.

51

"선생님! 배고파요! 더 주세요."

이렇게 찾아오는 아이가 딱 한 명 있다. 기본소득이 부족한 사람은 언제든 찾아오라고 했었다.

"아침 안 먹었지?"

"네."

참 단순하고 장난기 넘치는 아이다. 모든 운동은 사랑하고 모든 공부는 싫어한다.

두 장을 더 준다. 그리곤 그 주에는 찾아오지 않는다.

다음 주가 되면 다시 온다.

"선생님! 배고파요! 더 주세요."

"아침은 왜 안 먹고 와?"

"늦잠 자요!"

사실인지 둘러대는 말인지는 모른다. 알면 알수록 슬픈 배경이 종종 있다.

두 장을 더 준다. 그리곤 그 주에는 찾아오지 않는다.

다음 주가 되면 다시 온다.

"선생님! 배고파요! 더 주세요."

"준서야, 이제 일을 좀 해 볼까?"

"무슨 일이요?"

"매니저처럼 봉사를 하는 거지. 뭐든 말이야. 그러면 좀 더 떳떳하게 찾아올 수 있잖아."

떳떳하지 않게 찾아온 적은 없다. 그게 이 아이의 매력이다. 눈웃음 살살 치면서 다가오는. 하지만 지켜보는 눈들이 있고, 이 기회에 학교에 기여하는 경험을 하면 좋을 것 같다는 생각이 든다.

"생각해 볼게요."

한동안 안 온다. 너를 물리치려고 했던 것은 아닌데.

매점화폐는 돌고 돈다.

계산대에 모인 것은 다시 아이들의 봉투로 간다.

잔돈은 실제 동전으로 준다. 그래서 가끔 은행에 가서 동전을 교환해 와야 한다.

매점화폐에는 아이들의 흔적이 고스란히 남아 있다.

꼬깃꼬깃하게 접은 자국, 자주 만져서 닳은 표면, 자기 것이라며 적은 이름과 학년.

너무 너덜너덜해지면 버리고 새것으로 바꾼다.

과자류는 택배로 받는다. 매번 택배는 퇴근 이후에 도착한다.

아침에 출근하면 그 택배는 어느새 해체되어 매점에 가지런히 진열되어 있다. 학부모 이사이면서 방역 도우미 역할도 함께 맡아 주시는 라모나 님이 아침에 일찍 와서 솜씨를 발휘해 주는 것이다.

덕분에 매점은 항상 깔끔하다.

또 다른 학부모 이사인 미령 님은 간식이 떨어지기 전에 미리 간식 발주를 넣어 준다.

공식적 이용 시간은 중간놀이 시간인데, 오후에도 자주 이 두 분이 매점을 지켜 준다. 오후에 배고파서 찾는 아이들이 꽤 있기 때문이다.

매점의 보배 같은 분들이다.

많은 어른들이 아이들에게 돈이 생긴다면 생각 없이 바로바로 쓸 것이라는 선입견을 품고 있는 것 같다. 나는 이런 선입견에는 두 가지 근원이 있다고 생각한다.

첫째는 아이들을 무시하는 시각이다. 어리니까 뭐든 미숙할 것이라는 착각.

둘째는 자신이 그러니 아이들도 당연히 그럴 것이라 단정하는 시각.

실은 이런 선입견 자체가 사치스럽다. 2천 원은 적은 액수다. 아이스크림 두 개면 끝이다.

누군가는 하루 만에 다 쓸 수 있고 누군가는 모을 수도 있다. 실제로 모으는 아이들이 꽤 있다. 자신이 만족할 수 있는 방향의 선택을 아이들도 충분히 할 수 있다.

코로나 시대 재난소득의 사용을 평가받지 않았듯이 아이들도 평가받거나 간섭받지 않으면 좋겠다. 이제는 이 학교 학생들에게 주어진 기본권이기 때문이다. 사용 내역을 기록하는 것도 자기 선택이다.

"성우는 기본소득을 흥청망청 써서 걱정이에요."

2학년 친구가 설문조사에 쓴 말이다.

친구에 대한 걱정이 담겨 있다.

그리고 무언가 배운 것을 기준으로 친구를 평가하고 있다. 담임선생님으로부터 기본소득을 한 번에 쓰지 말고 계획을 해서 꼭 필요할 때 지출하라는 그 나름의 경제 교육을 받은 것이다.

'성우는 배가 많이 고팠나 보다. 잘 먹는다.'

'성우는 돈을 흥청망청 쓴다. 한심하다.'

둘 중 어떤 시선으로 친구를 바라보는 것이 더 나을까?

어린이 기본소득에 섣부른 경제 교육의 첨가를 경계하는 이유다.

이 제도가 오래 지속될수록 경제 교육에 대한 요구가 부각될 것이다. 하지만 아직은 아닌 것 같다. 당분간은 지켜봐 주면 좋겠다. 간섭이 필요한 건 문제가 생겼을 때다.

《단비뉴스》란 팀에서 연락이 왔다. 찾아보니 세명대 저널리즘 대학원생들이 심층적으로 취재하여 생산하는 언론이다.

저널리즘. 참 멋진 말이다.

그런 정신이 여기저기 살아 숨 쉬면 좋겠다. 프레임 씌우기와 받아쓰기식의 기사들이 너무 많다.

학교에서는 이제 취재를 충분히 하지 않았냐는 입장이고 나 또한 에너지가 많이 소진되어 있었으나, 특별한 언론팀이라 생각되어 응하고 싶었다.

약 일주일 동안 학교에 와서 여러 가지 모습을 담아 갔다. 수업, 쉬는 시간, 아이들 회의, 그리고 졸업식까지.

결과물로 영상을 만들어서 상을 탔다며 그 귀한 상금까지 보내왔다. 고생한 것은 그들인데……. 몸 둘 바를 모르겠다.

**57**

학교 주변에는 편의시설이 하나도 없다. 건물 자체가 없다.

버스를 타고 읍에 있는 학원에 다니는 아이들 외에는 자신의 주머니에서 돈을 꺼내 뭔가를 사 본 경험이 거의 없다.

그래서 매점은 특히 아이들에게 생애 최초로 자기가 소비를 결정하는 장소다. 그 모습이 어찌나 신중한지 모른다. 한참을 고민하여 고르기도 하고 그러다 그냥 돌아가기도 한다.

"어렸을 때(지금도 어리지만)는 부모님이 사 주는 것만 받아서 먹거나 썼는데 매점과 기본소득 덕분에 처음으로 고민하고 결정해서 무언가를 구입하는 것이 가장 좋았다."

설문조사를 했을 때 이렇게 답하는 아이들이 꽤 있었다. 강렬한 첫 경험인가 보다.

**58**

매점엔 샘이 하나 있다. 샘 이름이 좀 길다.

'돈이 조금 부족할 때 누구나 쓸 수 있는 잔돈샘.'

부연 설명도 있다.

'갚지 않아도 돼. 갚아도 돼. 기부해도 돼.'

누군가는 금전적 여유가 있다. 그런 아이들은 잔돈을 잔돈샘이란 이름이 붙은 통에 두고 간다. 물론 의무는 아니다.

누군가는 조금 부족하다. 그런 아이들은 잔돈샘에 있는 동전을 사용할 수 있다. 갚고 안 갚고는 자기 자유다.

기부하는 아이는 뿌듯함을, 사용하는 아이는 고마움을 느낀다. 누가 기부했고 누가 사용했는지 서로 모르기 때문에 막연한 어색함이 없다.

이 샘물은 참 특이하다.

말랐다가도 다음에 다시 가 보면 또 차 있다.

기부와 사용이 계속 순환된다.

때 묻지 않았기 때문일까? 탐욕이 없는 것 같다. 잔돈샘이 마름을 안타까워하며 자신의 것을 내놓고 간다.

이런 경험이 도덕 교과서보다 낫다.

정치인 ○○○ 측에서 연락이 왔다.

어린이와 학부모 몇 명이 함께 이 제도에 대한 이야기를 간담회 형식으로 나누자는 제의다.

흥미로울 것 같다.

누구나 의도가 있다. 우리도 의도를 가지면 된다.

하지만 학교 입장에서는 그리 간단히 결정할 수 있는 사항이 아니다.

학교라는 곳은 오랜 시간 언론의 뭇매를 맞아 매우 약해져 있고 작은 민원에도 휘청거리는, 몸을 사려야 하는 곳이 되었기 때문이다. 더군다나 대선 기간이다.

"안 돼. 위험해. 정치 중립 위반으로 신고당할 수도 있어."

"죄송합니다만 학교 입장이 곤란해질 수 있어서 어려울 것 같아요."

"네, 충분히 이해합니다. 그럼 학교 안으로 들어가지 않으면 어떨까요? 저희가 버스 안에서 이야기를 나누는 형식으로."

"그런가요? 그럼 어디에서요?"

"교문 안으로 들어가지 않고 학교 밖에 주차를 하고 진행하면 어떨까요?

좋은 생각 같기도, 애매한 생각 같기도 하다.

"그거나 그거나지. 안 돼."

반려. 역시 좀 애매했다.

교사가 왜 정치 중립이어야 할까? 공무원 이전에 국민인데. 참 이상하다. 더 이상한 점은 이상한 것이 개선되지 않는다는 점이다.

"역시 힘들겠죠?"

"다른 방법은 없을까? 이 지역에 대통령이나 대통령 후보가 방문한 적이 단 한 번도 없어. 얼마나 안타까워. 참 좋은 기회인데."

몇몇 마을 분들이 아쉬워한다.

"읍에서 만나는 건?"

"그러네~ 마루 어때?"

마루는 친환경 간식을 만들기 위해 사람들이 모여 만든 카페 공간이다. 학교에 마지막으로 물어봐야겠다.

소멸위험 최상위권인 이 지역에 신선한 일이 될 것이니 꼭 추진하면 좋겠다는 이야기를 듣기도 했으나, 무엇보다 아이들이 기꺼이 하고 싶어 한다.

"이렇게 하면 어떨까요? 주말에 읍에서 만난다면 학교와는 상관이 없는 거죠."

"그건 그렇네. 주말은 학부모 소관이지."

"부모님들과 상의할 일이죠."

"강 선생은 출연하면 안 돼. 고소당할 수 있어."

"네, 구경만 하려고요."

읍내에서 어린이 기본소득 간담회가 열렸다.

예상외로 사람들이 많이 왔다. 기자만 서른 명이 넘는 것 같다. 준비된 좌석이 부족해서 어떻게 하나 봤는데 기자들은 그냥 바닥에 앉아 노트북을 준비한다.

아이들 세 명, 학부모 세 명이 패널로 참여했다.

아이들은 생전 처음으로 받아 보는 스포트라이트를 즐기는 것 같았다. 자신들이 애착을 갖고 있는 매점이라는 공간과 그 공간을 모두가 이용할 수 있게 해 주는 제도에 대하여 이야기를 나누는 것이라 그런지 막힘이 없고 솔직했다.

정치인 ㅇㅇㅇ이 사회를 보며 이야기를 끌어갔다.

"우리 학생은 뭐 바라는 점 있어요?"

"겨울에 핫 팩 같은 것을 사려면 지금 매주 2천 원으로는 조금 부족해요."

"아! 인상을 요구하는 거군요? 그럼 얼마로요?"

"한~ 3천 원?"

"하하하. 이야 무려 50%의 인상을 요구했어요!"

그런데 이 화기애애한 대화가 뜻하지 않은 곳으로 흐른다.

"우리가 이런 곳에 기부금을 좀 보내 줘야 하지 않을까요? 매점 계좌 있죠?"

전혀 기대하지 않았던 기부금이다.

결국 유튜브 방송 화면에 매점의 계좌번호를 공개했고, 이를 시청한 사람들은 오천 원, 만 원, 오만 원, 십만 원, 삼십만 원 등의 기부금을 보내기 시작했다. 그런 사람들이 이백 명을 넘었다. 놀라운 일이었다.

어린이 기본소득제의 수명이 연장되는 순간이었다.

"핫팩사주세요"

"판동초기본소득화이팅"

통장에 적힌 글귀가 마음을 이상하게 한다.

우리는 어떤 의도로 임해야 하나 고민했었는데 이거였다고 생각해야겠다.

기금이 늘어났다고 바로 2천 원에서 3천 원으로 올릴 수는 없다. 일방적으로 말이다.

다른 아이들의 의견을 물어봐야 한다.

이럴 때 전체 어린이 회의가 참 유용하다. 학교 규모가 작으니 전교생이 강당에 모여 회의를 할 수 있다.

"저는 3천 원으로 올리는 것에 찬성해요. 매점에 있는 과자가 비싼 편이거든요."

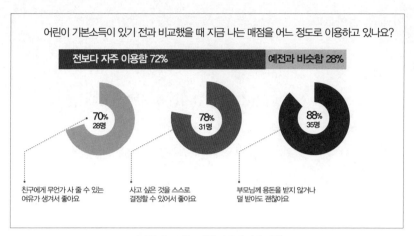

어린이 기본소득이 있기 전과 비교했을 때 지금 나는 매점을 어느 정도로 이용하고 있나요?

전보다 자주 이용함 72%  예전과 비슷함 28%

70%
28명

78%
31명

88%
35명

친구에게 무언가 사 줄 수 있는
여유가 생겨서 좋아요

사고 싶은 것을 스스로
결정할 수 있어서 좋아요

부모님께 용돈을 받지 않거나
덜 받아도 괜찮아요

아이들이 느끼는 매점 이용에서의 변화

대부분 비슷한 생각을 하겠지?

"3천 원으로 올리면 그만큼 우리가 받을 수 있는 기간이 짧아져요. 저는 6학년이라 얼마 남지 않았지만 후배들을 생각하면 이 제도가 오래 지속되는 것이 좋을 것 같아서 현 수준을 유지하는 것이 낫지 않을까 싶습니다."

어린이들에게서 나오는 뜻밖의 대답은 언제나 어른들을 '심쿵'하게 만든다. 괜히 어린이들에게 배운다고 하는 것이 아닌가 보다. 순수하고 동심을 품고 있는 이로부터 배운다.

하지만 회의 자리에서 진행자는 누군가의 의견을 칭찬할 수 없다. 그저 의견을 말해 줘서 고맙다고 할 따름이다.

그렇게 첫 회의는 결론이 나지 않은 채 마무리가 되었고, 두 번째 회의에서는 인상으로 결론이 났다.

어린이 기본소득의 시작과 동시에 매점 풍경은 180도 달라졌다. 모두가 손님이 됨으로써 소수만의 공간에서 다수의 공간이 되니 아이들 표정이 훨씬 밝아졌다.

"돈을 어떻게 쓸까? 하는 고민을 진지하게 하게 되었다."

"문구류가 생겨서 읍내에 나갈 필요가 없어졌다."

"집에서 용돈을 받지 않아서 매점을 가끔 갔는데 기본소득을 시작하고 나서 자주 갈 수 있게 되어 좋다."

"우리가 방송에 나왔다."

"친구가 나에게 김치만두를 사 주었다. 친구에게 먹을 것을 사 줄 수 있어서 좋다."

"먹을 것을 주고받으며 친하지 않았던 사람들과 더 친해지는 것 같아서 좋다."

"학용품 같은 것도 사고 장난감도 사니까 뿌듯하고 좋다."

"기본소득은 나뿐만 아니라 다른 사람들도 더 행복해지게 한 것 같다."

"매점은 무조건 옳다."

"사람과 친절해지고 소통을 나눌 수 있는 것, 그게 기본소득인 것 같아요."

"정말 고마워요."


가끔 아이들의 평을 다시 읽어 본다.

공동의 문화에는 창피함이 들어설 자리가 없었다.

어린이 기본소득제는 이 학교의 모든 학생들이 공유하고 누리는 공동의 문화다. 언제 수령하는지, 어디에 쓰는지는 각자 다르지만, 같은 제도를 즐기고 있다는 유대감, 특별한 제도를 갖고 있다는 자부심은 아이들을 결속시켜 주는 듯하다.

만약 용돈 조사를 해서 용돈이 없거나 기준치 이하인 아이들만 가려서 기본소득을 지급했다면 어땠을까? 아마도 당당하게 받고 쓰기보다는 낙인찍힘을 부끄러워했을 것이다. 받지 못하는 측은 억울해했을 것이다. 받는 쪽도, 받지 못하는 쪽도 웃지 못했을 것이다.

**71**

우리말은 참 아름답고 힘이 있다. 기본소득이라는 말에는 선한 힘이 있는 것 같다. 우리는 그 단어를 빌려 썼다기보다 그 힘에 기댄 것에 가깝다.

**72**

사랑을 받아 봐야 사랑을 베풀 수 있듯이 지지를 받아 봐야 타인을 지지해 줄 수 있다고 생각한다.

아이들은 이 제도를 통해 자신이 지지받는 것 같다고 한다.

어린 시절의 이 경험이 몸속에 남아 서로 지지하고 돕는 사람이 되는 길에 약간의 거름이라도 되면 좋겠다.

**73**

가끔 제도에도 생명력이 있다는 생각이 든다.

아무리 좋은 제도라도 기억하고 가꾸지 않으면, 소중하게 생각하지 않으면 시들 수 있겠다는 생각이 든다. 식물처럼 말이다.

2020년 10월에 어린이 기본소득제를 시작했으니 4년 차에 접어든다. 한해살이식물 신세는 졸업한 셈이니 이젠 수명이 길고 곧은 나무로 자라면 좋겠다.

기부금을 보내 주신 분들이 매우 많습니다. 소중한 마음을 보내 주셔서 감사드립니다.

아이들의 맛동산과 어린이 기본소득제를 시작하고 유지할 수 있게 도움 주신 학부모님들과 교직원분들, 마을 분들께도 감사드립니다. 특히 처음부터 지금까지 헌신적으로 봉사해 주시는 우리 매니저들과 학부모님들께 감사드립니다.

'학교가 학생들의 소비 생활을 교육적으로 풀어낼 수도 있구나!' 라는 것을 처음 알게 해 준 충북의 치유형 공립 대안학교인 은여울중고등학교에 감사드립니다.

이런 글을 쓸 수 있는 지면을 내주시고 멀리 이곳에 오셔서 연구까지 해 주신 기본소득한국네트워크에 감사드립니다.

특히 우리 어린이들이 즐겁고 사이좋게 지내 주어서 고맙습니다.

이 책을 포함한 여러 기록을 통해 이런 제도의 배경과 가치가 잊히지 않기를 바랍니다.

# 제2부

# 공유지 이론으로 본 판동초

# 제2장
# 공유자들의 마음 잇기- 공유지, 공유자, 공유화

보통 '공유지'는 특정 공동체의 모든 사람이 이용할 수 있는 자원을 말한다. 이런 이유로 '공동자원'이라고 말하기도 한다. 여기서 공유지는 영어 'commons'를 우리말로 옮긴 것이다. 《표준국어대사전》에 따르면, 공유지共有地는 "두 사람 이상이 공동으로 소유하는 땅"이다. 하지만 우리가 말하는 공유지는 땅만이 아니라 넓은 의미의 자원과 사회적 관계를 모두 포함하는 말이다.

영어의 commons는 '공통적인 것, 공동의, 공유의'라는 뜻의 라틴어 'communis'에서 온 것이다. communis는 '함께' 혹은 '더불어'를 의미하는 'cum'과 '임무, 책임, 사명, 업적, 선물'을 뜻하는 'munus'가 결합된 말이다. 따라서 commons는 '함께 책임지다', '함께 일하다' 정도의 의미를 가진다.

그렇다면 무엇을 함께 책임진다는 말일까? 또는 어디에서 무엇을 위해 함께 일한다는 말일까? 그것은 인간에게 주어진 자연(혹은 신)의 선물을 함께 책임지고 그 속에서 함께 일한다는 말이다. 또한 인간이 함께 만들어 낸 인공물을 함께 책임지고 그 속에서 함께 일한다는 말이다.

이쯤에서 우리는 이런 질문을 던져 보아야 한다. "대지(지구)는 누구의 것인가?" 특정 개인이나 집단의 것이라고 말할 사람은 없을 것이다. 물론 오늘날에는 모든 인간만이 아니라 지구에 있는 모든 존재에게 지구가 속한다고 보아야 할 것이다. 다만 여기서는 일단 인간들 사이에 한정해서 이야기를 밀고 나가 보자.

## 1. 공유지와 사유재산

대지(지구)는 인간의 삶의 터전이다. 한마디로 인간은 대지에 의존해서 살아간다. 대지가 신이 인간에게 준 선물이라고 말하건 그저 주어진 것이라고 말하건 사태는 바뀌지 않는다. 이렇게 본다면 세대를 넘어 모든 인간에게는 살아가기 위해 대지에 대한 권리가 있다고 할 수 있다. 따라서 대지 전체는 인류 모두의 공유지라 할 수 있다. 그렇다면 인류 전체는 대지의 공유자이다.

그럼에도 현실에서 모든 인간이 대지 전체에 대해 동등한 권리를 행사할 수 있는 것은 아니다. 대지에는 경계선이 그어져 있는 게 현실이다. 국가 사이에, 개인들 사이에 경계선이 있으며, 우리는 이를 영토, 재산 등으로 부른다. 왜 이렇게 된 것일까?

먼저 사유재산이 어떻게 발생했는지에 관한 흥미로운 두 가지 설명을 따라가 보자.

하나는 17세기 영국의 존 로크의 설명이다. 로크는 『통치론』 제5장 「소유권에 관하여」에서 이렇게 말한다.

> 모든 사람은 자신의 인신person에 대해서는 소유권을 가지고 있다. …… 그의 신체의 노동과 손의 작업은 당연히 그의 것이라고 말할 수 있다. 그렇다면 그가 자연

이 제공하고 그 안에 놓아 둔 것을 그 상태에서 꺼내어 거기에 자신의 노동을 섞고 무언가 그 자신의 것을 보태면, 그럼으로써 그것은 그의 소유가 된다. (로크, 1996)

로크의 이런 주장은 "합체설"이라고 불린다. 노동을 통해 자신의 소유인 자신의 인신을 자연에 합체했기 때문에 그 생산물은 자신의 것이 된다는 것이다. 물론 여기서 전제는 자연이 공유라는 것이다. 모두의 것이기 때문에 누군가가 자신의 노동을 투입해서 자신의 소유로 만들 가능성이 생긴 것이다.

이와는 사뭇 다른 주장을 한 사람은 한 세기 후의 장 자크 루소였다.

한 땅에 울타리를 치고 "이것은 내 것이야"라고 말할 생각을 해내고, 다른 사람들이 그 말을 믿을 만큼 순진하다고 생각한 최초의 인간이 문명사회의 실제 창시자다. (루소, 2015)

루소는 폭력과 강제 그리고 속임수를 통해 사유재산이 성립했다고 보는 것이다. 물론 이때도 전제는 자연이 사유재산이기 이전에는 공유였다는 점이다.

로크와 루소의 주장은 사유재산의 성립이 인간의 문명, 특히 서양 문명의 발전에 결정적이었는지, 그리고 문명이 수반한 불평등을 우리가 어떻게 보아야 하는지 등등 여러 가지 쟁점을 포함하고 있다. 하지만 일단 여기서는 인류 역사의 어떤 시점에 사유재산이 성립했다는 점과 그 전제는 대지 혹은 자연이 공유였기 때문에 가능했다는 점만 확인해 두기로 하자.

사유재산이 성립했다고 해서 대지가 하루아침에 촘촘하게 나누어진 것은 물론 아니었다. 여전히 함께 이용할 수 있는 땅, 숲, 호수, 바다가 있었다. 게다가 누군가의 사유재산이라 하더라도 다른 사람들이 이용하는 것도 가능했다. 이것이 실제로 존재했던 공유지이다.

실제로 존재했던 공유지의 두드러진 모습을 우리는 중세 잉글랜드에서 찾아볼 수 있다. 중세 잉글랜드에서 공유지는 어떤 공동체가 법적으로 소유하고 있지 않더라도 이용하는 것이 인정된 자산이었다. 여기에는 보통 초원, 어장, 숲, 토탄지 등이 포함되었다(Caffentzis, 2016).

소유하지 않더라도 이용하는 게 '인정'되었다는 말에서 짐작할 수 있듯이 공유지는 엘리트와 보통 사람들commons 사이의 갈등, 투쟁, 타협을 통해서 성립했다. 이를 분명하게 보여 주는 게 잉글랜드의 「삼림헌장」(1217년)이다.

1215년의 「마그나카르타」(「대헌장」)는 잘 알려져 있는 문서이다. 근대 민주주의의 토대 가운데 하나라고 여겨지는 이 문서는 잉글랜드의 존왕(1166~1216, 재위 1199~1216)이 시민들의 지지를 얻은 귀족들의 압력을 받아 승인한 것으로, 국왕도 법에 종속된다는 것을 인정했다. 이에 반해 1217년에 새로운 국왕 헨리 3세(1207~1272, 재위 1216~1272)가 서명한 「삼림헌장」은 널리 알려진 문서는 아니다. 하지만 공유지가 무엇인지, 공유지는 어떻게 성립하는지, 공유지를 어떻게 이용하고 보존하는지에 관한 기본 원칙이 서술되어 있는 역사적 문서이다.

「삼림헌장」의 주요 내용은 생계의 기반이 되는 숲(오늘날 말하는 것보다 훨씬 넓은 개념)에서 보통 사람들, 즉 공유자들이 삶을 유지하는 데 필요한 권리를 보장하는 것이다. 나무를 가져다 땔감으로 쓰거나 유용한 물건을 만드는 목재로 사용할 수 있으며, 가축을 먹일 사료를 가져오거나 가축을 방목할 수 있었고, 물고기를 잡을 수 있는 등등이었다.(라인보우, 2012; 스탠딩, 2021).

그리고 이런 공유자의 권리가 그냥 보장된 게 아니라 전횡을 일삼던 국왕과의 투쟁을 통해서 얻은 결과물이라는 점이 중요하다. 이를 우리는 "공유화"라고 부를 수 있다. 즉 무엇을 공유지라 할 것인지, 이를 위해 어떤 행동이 필요한지, 공유지는 어떤 규칙에 따라 이용할 것인지, 공유지를 어떻게 해야 유지할 수 있는지 등을 둘러싼 공유자들의 일련의 실천이 공유화이다.

「삼림헌장」과 같은 역사적 성취에도 불구하고, 근대의 역사를 공유지의 관점에서 보자면 상실의 시기라 할 수 있다. 그 대신 사유재산이 부상하여 결국 사회의 규준으로 자리 잡게 된다. 우리는 이 과정을 영국의 인클로저에서 가장 잘 찾아볼 수 있다. '울타리 치기'라고 번역하는 인클로저는 16세기부터 19세기까지 귀족과 중간계급이 토지에서 농민들을 내쫓으면서 대규모 토지를 얻게 된 일을 말한다. 목적은 당시 모직물 산업에 양모를 공급하기 위해 양을 키우거나 시장에서 팔기 위한 곡물을 대량으로 생산하기 위한 것이었다. 이런 인클로저는 직접적인 폭력에 의해 이루어지기도 했고, 나중에는 의회 입법을 통해 이루어지기도 했다.

공유지가 전 세계적으로 완전히 없어진 것은 아니지만 지속적으로 축소되었고, 세상에는 사유재산private property과 공적 재산public property만이 존재하는 것처럼 보이게 되었다. 여전히 있는 공유지는 역사적 유물이거나 희귀한 예외처럼 여겨지게 된다.


## 2. 공유지의 재발견

20세기 말, 공유지는 실천과 이론 모두에서 극적으로 부활한 것처럼 보이기 시작했다. 신자유주의의 확산 속에서, 공적으로 제공되거나 공유지로 이용되던 것이 민영화, 상품화되었다. 가장 악명 높은 게 물의 민영화였다. 1999년 볼리비아 중부에 위치한 코차밤바의 수도水道가 미국, 영국, 스페인 회사들로 구성된 국제 컨소시엄의 민간 회사에 넘어갔는데, 이 회사는 하룻밤 사이에 물 가격을 세 배나 올렸다. 이에 맞서 코차밤바의 시민들은 거리 시위, 도로 봉쇄, 총파업으로 맞섰다. 이를 "물 전쟁"이라고 부른다. 또한 남반구에서는 농민에 대한 토지 탈취land grabbing도 늘어났다. 여기에 더해 지식재산권을 통해 다양한 재화 및 인간 활동에 대한 전유와 지대 추구가 늘어났으며, 이후 디지털 기술의 발전과 플랫폼 자본주의의 등장 속에서 이는 더욱 확대되었다.

민영화와 상품화에 대해 사람들은 "새로운 인클로저" 혹은 "제2의 인클로저"라고 부르면서 저항했고, 이는 공유지의 존재와 공유지에 대한 관념을 부각시켰다. 캐나다의 저널리스트이자 사회운동가인 나오미 클라인은 신자유주의적 세계화에 맞서는 전 지구적 저항 운동을 공유지 관념과 연결시키면서 "공유지를 되찾자"라는 구호를 제시하기도 했다 (Klein, 2001).

신자유주의의 진전 속에서 다시금 공유지에 대한 인클로저와 이에 대한 저항이 등장하면서, 공유지와 자본주의를 새롭게 보는 시각도 등장했다.

자본주의와 시장경제가 꼭 같은 것은 아니지만 자본주의는 시장경제를 통해 작동하는 것으로 보는 견해가 일반적이다. 시장경제는 다른 제약 없이 개인들이 자유롭게 교환 관계에 들어갈 수 있는 경제형태이다. 자본주의 시장경제에서는 사람들이 일반적인 상품뿐만 아니라 노동력도 자유롭게 사고파는 것으로 되어 있다. 물론 맑스의 정치경제학 비판은 이때 '자유'가 노동력을 팔지 않으면 굶어 죽을 자유도 의미하며, 노동자가 노동력 판매의 대가를 제대로 받았다 하더라도 자본가는 노동력의 사용을 통해 '잉여가치'를 추출한다고 말한다. 이것이 자본주의적 착취이다.

이런 자본주의 시장경제가 언제 어떻게 등장하고 발전했는지에 관해 맑스는 역사적으로 "본원적 축적"이 있었다고 말한다. 본원적 축적은 한편에서는 소수에게 부가 쌓이고 다른 한편에서는 다수가 토지라는 생계 수단을 빼앗겨 자신의 노동력을 팔지 않으면 생존할 수 없는 상태에 처하게 되는 사태이다. 그리고 이런 본원적 축적이 끝나면 자본주의는 '정상적인'(?) 운동에 들어간다.

하지만 20세기 말에 불거진 공유지의 강탈과 포획을 보면, 오늘날의 자본주의가 인간 노동력의 착취가 아니라 "강탈에 의한 축적"을 추구한다는 것을 알 수 있다(하비, 2005). 더 나아가 공유지에 대한 수탈인 본원적 축적을 역사적으로 일회적 사건이 아니라 지속적인 과정이라고 보게 되었다(De Angelis, 2017; Federici and Caffentzis, 2019; 페데리치, 2019).

이렇게 자본주의가 끊임없는 본원적 축적 과정에 있다고 본다면, **공유지**는 역사적 잔존물이 아니라 끊임없이 새로 만들어지는 어떤 것이 된다. 다시 말해 자본주의에 의해 지속적으로 강탈당하고 포획되지만, **공유자**들의 **공유화**를 통해 지속적으로 만들어진다는 것이다.

앞서 말했듯이 공유지가 자원만이 아니라 이를 함께 누리는 사람들, 즉 공유자, 그리고 이들의 행동과 실천까지를 포괄하는 개념으로 확대된 것은 이런 맥락 속에서였다. 따라서 공유자들의 실천을 포괄하는 공유화가 핵심적인 요소이자 개념으로 등장했다.

공유지에 대한 관심은 신자유주의의 민영화와 상품화에 맞서는 투쟁 속에서만 등장한 것이 아니었다. 오랫동안 꾸준히 공유지 혹은 공동관리 자원common pool resources을 연구한 사람이 있었다. 바로 2009년에 여성으로는 처음으로 노벨경제학상을 받게 되는 엘리너 오스트롬이다.

오스트롬은 스위스와 일본의 목초지, 스페인과 필리핀의 관개 체제 등에 대한 오랜 경험적 연구를 바탕으로, 사유재 및 공공재와 구별되는 공유지 혹은 공동자원이 존재할 뿐만 아니라 효율적으로 관리될 수 있다는 점을 밝혔다. 공유지 혹은 공동자원은 이를 유지하고 관리하는 공동체가 존재하며 그 공동체가 효과적인 관리 규칙을 만들어 시행하는 경우, 효율적으로 유지될 수 있다는 것이다(오스트롬, 2010).

오스트롬의 연구는 그동안 주류 사회에서 정설처럼 받아들여진 개릿 하딘의 "공유지의 비극"을 정면으로 반박했다는 점에서 큰 의미가 있었다. 미국의 생태학자 개릿 하딘은 1968년에 「공유지의 비극」이라는 짧은 논문을 썼는데, 공유지는 누구의 소유도 아니기 때문에 자기 이익을 위해 이를 최대한 이용하려는 개별 행위자들의 탐욕에 노출되어 있으며, 결국 공유지는 고갈되거나 황폐화될 운명이라고 했다. 이를 막기 위해 하딘은 공유지를 국가가 관리하거나 개인들의 사적 소유로 해야 한다고 주장했다.

하지만 후일 개릿 하딘 스스로가 인정했듯이, 여기서 말하는 공유지는 "관리되지 않은 공유지" 혹은 개방 접근open access 자원이다. 이에 반해 오스트롬이 말하는 공유지에는 분명한 경계가 있으며, 이를 관리하는 공동체가 있고, 관리를 위한 규칙 등이 존재한다. 따라서 오스트롬에게 중요한 것은 자원 자체가 아니라 어떤 제도가 공동자원을 잘 관리할 수 있는가이다. 이를 통해 오스트롬이 드러낸 것은 국가와 시장 이외에 호혜성, 민주적 관리, 적극적 참여 등에 의해 설계되고 작동하는 공동자원 관리제도, 즉 공유지가 있다는 점이다.

이런 의의에도 불구하고 오스트름의 공유지론에는 크게 두 가지 한계가 있다. 하나는 현재 존재하는, 따라서 대체로 소규모인 공유지 혹은 자연 자원만을 연구 대상으로 삼고 그것이 유지, 관리되는 방식에만 집중한다는 점이다. 이렇게 전통적 공유지에만 초점을 맞추고 그런 개념에만 기대게 되기 때문에, 지식 공유지나 도시 공유지 같은 새로운 공유지는 설명하지 못하게 된다. 다른 하나는 공유지를 둘러싼 공동체 내부의 역학과 관계에만 집중함으로써 공유지 경계를 넘어서는 사회적 관계, 예컨대 권력관계와 자본 관계 혹은 시장 관계 속에서 공유지를 사고하지 못한다는 점이다.

## 3. 공유화로서의 공유지

앞서 말한 것처럼, 1980년대 이후 신자유주의의 거침없는 진전 속에서 공유지가 (재)발견되었다. 이 속에서 공유지를 폭넓게 사고할 뿐만 아니라 특히 공유화를 중심으로 공유지를 바라보는 흐름이 등장했다. 이 흐름은 공유지를 자원이나 외적 대상으로 한정하지 않고, '공유화'를 핵심으로 해서 '공유부common wealth'와 '공동체community'라는 세 기둥으로 하나의 사회생태 체제 혹은 패러다임으로 본다(De Angelis, 2017; 볼리어, 2015).

이때 '공동체'는 공유자들commoners로 이루어지는데, 공유자는 공유부를 공유하고, 공동출자하고pool, 공유지에 대한 권리를 주장하고, 이를 유지하고 보존하고자 하는 주체들을 말한다. '공유부 혹은 공유재common goods'는 공유지에서 이용할 수 있는 모든 물질적, 비물질적 '사물thing'을 의미한다. 끝으로 '공유화'는 공동으로 하는 행위이자 공유지라는 영역에서 벌어지는 '사회적 행위'를 의미한다. 이런 행위를 통해 공유자들은 공유부를 (재)생산할 뿐만 아니라 공유자 자신과 사회적 관계를 (재)생산한다.

이렇게 공유화를 중심으로 공유지 개념을 확장할 경우, 공유지는 국가와 시장을 넘어서서 의미 있는 제3의 영역이 되거나, 자본주의를 넘어서는 새로운 생산양식의 맹아로 볼 수 있다. 특히 데 안젤리스는 공유자들이 공유화를 통해 공유지를 형성할 때 무엇이 공유부가 될 수 있는지와 관련해서 상당히 포괄적인 제안을 한다. 그에 따르면 1) 역사와 문화를 통해 다수의 사람들에 의해 형성된 것, 2) 공유부로 전환된 문화적인 물things, 3) 다수가 공동출자한pooling 자원, 4) 다수가 국가에 맞서 권리가 있다고 요구하는 자원, 5) 뭔가를 소유하지 못한 다수가 장악한 것 등이 공유부가 될 수 있다. 공유부를 데 안젤리스처럼 볼 경우, 사실상 세상에 있는 거의 모든 것이 공유부가 될 수 있다(De Angelis, 2017). 이는 사유재산의 성립 이전에 모든 것이 공유였다는 점을 상기시키는 한편, 현재의 재산 체제를 넘어설 수 있다는 전망을 제시하는 것이다.

또한 공유지를 공유화를 중심으로 이해할 경우, 공유지의 동학을 잘 드러낼 수 있다. 앞서 말한 것처럼, "새로운 인클로저" 속에서 국가와 자본이 끊임없이 공유지를 포획하고 수탈하는 것을 보면서 자본주의에 대한 새로운 이해가 등장했다. 하지만 인클로저라는 개념은 국가와 자본의 포획과 수탈 행위만 드러낼 뿐 어떻게 공유지가 끊임없이 (재)생산되는지에 주목하지는 않는다. 이에 반해 공유화는 주체의 관점에서 공유지가 (재)생산되는 것을 포착할 수 있도록 한다.

이와 별도로 "공유화commonisation"와 "탈공유화decommonisation"라는 개념을 제시하는 사람들도 있다. 나야크와 버키스는 인도 동부 오디샤주에 있는 킬리카 석호Chilika Lagoon에 대한 사례연구를 통해 공유지의 변동을 밝혀내면서 이런 개념을 고안했다. 이들의 연구에 따르면, 킬리카 석호가 공유지가 된 것은 18세기 초였다. 20세기 후반 전 세계적으로 새우 수요가 늘어나 이 지역에 대자본이 들어와 새우 양식업을 하게 되면서 공유지가 파괴되었다. 공유화/탈공유화는 어떤 것이 공유지가 되거나 더는 공유지로서 기능하지 않게 되는 현상을 포착할 수 있게 해 준다(Nayak and Berkes, 2011).

공유화/탈공유화 개념을 보충할 경우, 공유화commoning는 훨씬 더 동적인 개념이 될 수 있다. 공유화는 공유지의 (재)생산이라는 지속적인 과정을 가리키는 용어이긴 하지만 일회적인 사건으로 오해될 수 있다는 점에서, 공유화/탈공유화 개념은 공유지가 과정 중에 있는 어떤 것으로 이해하는 데 도움을 준다. 더 중요하게는 공유화가 정치적, 경제적 권력관계 속에서 언제나 원활하게 이루어지는 일이 아니라는 점을 드러낼 뿐만 아니라 공유지가 다시 사유재산으로 전환되는 역전도 드러낸다.

21세기로의 전환기에 이루어진 공유지에 대한 혁신적인 인식과 실천을 통해, 우리는 공유지가 좁은 의미의 자원이 아니며 역사적 잔존물이거나 주변적인 것은 더욱 아니라는 점을 알 수 있게 되었다. 공유지는 공동의 자원 혹은 공유부는 말할 것도 없고, 공유지 내의 행위를 통해 관계 자체를 (재)생산한다. 물론 이런 공유지가 현재와 미래의 사회에서 어떤 위치를 차지하는지 혹은 차지해야 하는지는 정치적, 이데올로기적 관점에 따라 다를 수 있다.

## 4. 공유화 개념의 확장

공유지 개념에 대한 혁신적인 인식과 실천이 공유지의 (재)발견으로 이어졌고, 이는 공유지를 국가와 시장을 넘어서는 새로운 패러다임 혹은 새로운 생산양식의 맹아로 바라보는 시각을 낳았다. 그럼에도 이런 공유지론에는 중대한 누락이 존재한다. 그것은 공유지 특유의 분배 방식에 관심을 기울이지 않는다는 것이다. 여기에는 그 나름의 이유가 있다. 오스트롬이든 공유화를 중심에 놓는 공유지론자이든, 공유지를 공동으로 관리하는 것이며 규칙에 따라 개별적 혹은 집단적으로 이용하는 것으로 이해하기 때문이다.

공유지가 공동으로 관리되면서 개별적으로 이용되는 경우에는, 정해진 규칙 하에서 공유자 각자의 노력에 따라 획득하는 것이 분배된다. 공유지를 공동으로 관리하면서 집단적으로 이용하는 경우에도, 개별적으로 이용하는 것과 사실상 마찬가지이기 때문에 별도의 분배 방식을 고민할 필요가 없다. 그러나 오늘날 다양한 공유지에서는 시장과 국가를 매개로 해서 화폐적 부가 생산되고 있다. 예를 들어 제주도의 공동목장은 풍력발전 부지로 임대해서 수익을 올리고 있다. 이런 수익은 공유지 내의 특정 개인의 노력으로 만들어진 것이 아니므로 여기에 적합한 분배 방식을 찾아야 한다.

따라서 공유화 개념을 공유지 특유의 분배 방식을 포함하는 것으로 확장할 필요가 있다. 이를 위해 우리는 공유지 이론에서 발전시킨 공유화 개념을 '1차 공유화'라고 하고, 공유지 특유의 분배 방식으로 이루어지는 분배를 '2차 공유화'라고 할 것이다.

1차 공유화는 공유자들이 공유지를 인식하고 이용하고 유지하고 관리하고 재생산하는 일체의 행위를 말한다. 이런 점에서 공유화는 공유지의 삶이자 창조적 에너지가 된다(라인보우, 2012).

공유화가 공유지를 (재)생산한다고 할 때, 이는 공동자원이나 공유부의 재생산만을 가리키는 게 아니라 공유지 특유의 관계적 가치 혹은 가치 실천 등도 재생산한다는 것을 말한다. 이때 가치 실천은 다시 두 가지로 나뉜다. 하나는 공유지 내적인 가치 실천이다. 모든 공유지론자들이 강조하듯이 공유지는 호혜적이고 자율적인 가치 실천의 산물이자 그러한 공간이다. 다른 하나는 공유지의 범위를 넘어서는 사회적 가치 실천이다. 공유자들이 어떤 사회적 가치 실천을 하느냐에 따라 공유지가 사회 전체에서 맡는 역할이 달라질 뿐만 아니라 이는 다시 공유지 자체에도 영향을 미친다. 예컨대 사회정의나 생태적 전환의 가치를 실천할 경우에는 공유지가 비판적 대안이 될 수 있지만, 성장이나 이윤추구와 같이 기존 체제의 지배적 가치에 정향될 경우에는 부패하거나 기존 체제 내에 포섭될 수도 있다(네그리 · 하트, 2014; Centemeri, 2018; Federici and Caffentzis, 2019).

공유화가 공유지 안팎의 가치 실천이라는 것은 주체화, 즉 공유자 주체성의 형성을 의미하기도 한다. 자율과 연대라는 공유지 내적 가치에 충실하면서도 사회정의와 생태적 전환의 가치를 형성하고 체현할 경우에는 국가와 시장 (혹은 자본)을 넘어서는 새로운 주체성을 형성할 수 있을 것이다.

## 5. 공유부 배당으로서의 공유화

2차 공유화는 공유지 특유의 분배 방식의 실행을 말한다. 기존의 지배적인 분배 방식은 성과에 따른 분배와 필요에 따른 분배이며, 각각 시장과 국가가 담당한다. 공유지가 이런 성과 및 필요에 따른 분배를 배제하는 것은 아니지만, 공동의 것, 연대, 협동에 기초한 공유지 특유의 분배 방식도 필요하며, 이는 새로운 주체성의 형성에 주요한 요소가 될 것이다.

2차 공유화는 공유부의 소재 형태 및 시장가치와 연관되어 있다. 아름다운 자연경관과 깨끗한 공기처럼 그 자체로 공유부이거나 모두가 이용할 수 있는 공유부는 시장가치를 생산하지 않는다. 하지만 제주도의 지하수를 개발해서 팔거나 공동목장을 풍력발전을 위한 대지로 임대할 경우에는 화폐 수익이 생긴다. 이렇게 현재의 체제 안에서 화폐 수익이 생길 경우에는 어떤 방식으로 분배할 것인가라는 문제가 생기는데, 아래에서 볼 것처럼 모두에게 무조건적으로 개별적으로 분배하는 것이 정당하고 적절하다.

다음으로 2차 공유화는 사회적, 생태적 전환에서의 전략과 연관되어 있다. 자본주의 전개 과정에서 알 수 있듯이, 어떤 공유부가 인클로저나 탈공유화를 겪는지는 사회적 가치 및 기술의 변화와 연동되어 있다. 물론 이 말이 소재 형태와 무관하다는 것은 아니다. 소재 형태는 계속해서 인클로저 및 재공유화에 한계를 부여한다(사이토 고헤이, 2020). 대표적인 것이 주파수이다. 정보통신기술의 발전과 상업화 속에서 주파수는 점점 더 많이 사적으로 쓰이는 공유부이다. 이때 주파수 자체의 소유권은 인정되지 않으며, 경매 방식으로 사업자들에게 할당하고 그 수익은 공적인 부로 귀속된다. 하지만 많은 공유부가 사적 이윤추구에 이용되는 게 현실이다. 오늘날 가장 문제가 되는 기후변화의 경우, 화석연료를 대량으로 사용해서 배출되는 온실가스가 주된 원인이다. 이에 대해 화석연료를 대량으로 사용하는 대기업 등은 사실상 아무런 책임을 지지 않는다. 따라서 이들에게 온실가스를 배출하지 못하도록 해야 한다. 이를 위해 직접적인 금지 조치를 취하거나 부담금을 물리는 방식이 있다. 부담금을 물려 온실가스 배출을 줄이고자 할 경우, 그 수익을 어떻게 할 것인지의 문제가 제기되는데, 앞서 말한 것처럼 모두에게 무조건적으로 개별적으로 배당하는 것이 정당하고 적절할 것이다.

어떤 공유부를 시장가치로 전환해서 화폐 수익을 얻을 것인지의 문제는 온실가스의 예에서 알 수 있듯이 사회적, 생태적 전환의 전략과 관련되는 문제이다. 다시 말해 불평등을 완화하면서 생태 사회로 전환하고자 할 때 어떤 공유부는 공유지 방식으로 보존하고 어떤 공유부는 일정한 범위 안에서 시장가치를 추구할 수 있게 할 것인지의 문제라는 것이다.

이 문제에 관해서 공유부 배당으로서의 기본소득에 준거할 필요가 있다. 모두에게 아무런 조건 없이 개별적으로 현금을 주는 기본소득은 성과와 필요에 따라 분배하는 근대적 분배 체제와는 다른 원리에 따른다. 공유부 배당으로서의 기본소득은 원천적 공유와 사회적 생산에서 출발한다. 이럴 경우, 누가 얼마나 공유부 생산에 기여했는지를 따질 수 없게 된다. 따라서 모두에게 무조건적으로 개별적으로 동등한 분배를 하는 것이 정당하고 적절하다(금민, 2020).

하지만 앞서 보았듯이 현대 자본주의사회에서 공유지와 공유부는 인클로저, 재산권과 지식재산권, 정부의 여러 정책 등을 통해 일부만이 독점적으로 이용하는 경우가 많으며, 그들은 이를 통해 막대한 수익을 얻고 있다. 이에 대해 가이 스탠딩은 공유지를 포획해서 이윤을 올리는 행위자에 대해 부담금을 물리고 이를 공유지 기금으로 구성한 다음 모두에게 배당해야 한다고 주장한다(스탠딩, 2021). 공유부co-owned wealth가 자연으로부터 물려받은 공유부, 이전 세대로부터 물려받은 공유부, 경제체제라는 공유부 등 세 가지 유형으로 이루어졌다고 보는 반스는 이런 공유부가 특정한 개인이나 기업이 만든 것이 아니기 때문에 우리 모두에게 공동으로 속하는 것이며, 모두에게 이에 대한 동등한 권리가 있다고 말한다. 따라서 이로부터 나오는 이익은 모두에게 동등하게 배당하는 게 마땅하다고 주장한다(반스, 2016).

공동의 것을 모두에게 동등하게 배당해야 한다는 주장은 기본소득 지지자들만의 것이 아니다. 성인이 되었을 때 모든 사람에게 한 번에 상당한 액수의 돈을 주어야 한다고 하는 기초자산 주창자들도 마찬가지 주장이다. 르 그랑은 이렇게 주장한다. "선진국에서 태어난 모든 사람들은 공통의 유산, 즉 건물 및 기타 물리적 인프라, 교통수단, 자본 설비 및 농업용토지를 포함한 일련의 자본자산에 대한 지분의 혜택을 받았으며 …… 공통의 유산 대부분은 이전 세대의 노동과 노력의 결과이며 …… 이러한 유산으로 인해 대부분의 선진국 거주자들은 현재 부유할 수 있는 것이다"(Le Grand. 2006: 132). 공통의 유산이 있으며 이에 대해 모든 사람이 권리로서 몫이 있다는 인식과 가정이 기초자산이나 기본소득과 같이 보편적이고 무조건적이며 개별적인 배당의 출발점이다(Ackerman and Alstott, 2006: 45).

공유지를 하나의 사회생태 체제로 볼 경우, 공유지는 사회 전체에 대하여 하나의 소우주가 된다. 그렇다면 사회 구성원 모두에 대한 공유부 배당의 원리를 공유지에도 적용할 수 있을 것이다. 공유화는 공유자들이 공유지를 인식하고 이용하고 유지 · 보존하고 관리하고 재생산하는 행위이다. 다만 앞서 지적한 것처럼 여기에는 공유지에서 발생한 수익의 사용 혹은 처분과 관련한 행위가 포함되어 있지 않다. 이를 공유지 원칙에 맞게 사용하는 일은 또 다른 공유화 과정을 필요로 한다. 우리는 이를 "2차 공유화"라고 부를 수 있다. 2차 공유화는 성과 또는 필요와는 다르게 모두가 공유부에 대해 동등한 몫이 있다는 원리에 기초한 배당으로 이루어져야 정당하고 적절하다.

2차 공유화가 지니는 의미는 공유지와 공유부가 모두에게 속한다는 원칙을 배당이라는 방식으로 확인함으로써 공유지를 강화하는 것이다. 공동성the common의 감각을 경험하고 강화하는 일이기 때문이다. 공유지를 적극적으로 해석해서 현재의 지배적인 이데올로기인 개별화된 경제인 homo economicus에 맞서는 대항 헤게모니 실천을 통해 새로운 주체성을 형성하는 장소이자 과정이라고 본다면, 배당을 통한 공동성의 경험과 실천은 공유지를 강화하는 환류 효과를 낳을 수 있다.

# 제3장
# 공유화 사례로서 판동초 살펴보기: 연구방법과 연구참여자

우리는 판동초에서 두 차례의 공유화가 일어났다고 보았다. 1차 공유화는 학교협동조합으로서 매점이 만들어지기까지의 과정이다. 2차 공유화는 매점이 만들어지고 난 후 어린이 기본소득을 실시하는 과정이다. 이 책은 두 번의 공유화에 함께 참여해 온 공유자들을 인터뷰하여 그들의 경험을 쫓아간 사례연구의 결과물이다.

사례연구란 하나 이상의 사례를 통해 탐색된 이슈를 연구하는 질적 연구의 한 방법이다. 하나의 경계를 가진 체제(사례) 또는 경계를 가진 여러 체제들(사례들)을 탐색하고 다양한 정보 원천을 통해 상세하고 심층적인 자료를 수집함으로써 사례에 대한 깊이 있는 이해를 도모하는 것이다(Creswell, 2010: 111).

사례연구를 위해 판동초를 둘러싼 주요 공유자들과 인터뷰를 수행하였다. 연구참여자는 판동초의 매점 설립과 어린이 기본소득 실현의 주요 행위자들인 교사, 교장, 학부모, 전 아이쿱 청주지부 이사장, 어린이 기본소득의 수급자이자 학교 매점의 이용자인 학생 전원, 판동초를 둘러싼 공유자 중 후원자의 역할을 수행한 이장협의회장이자 판동초 동문회장, 삼승면의 군의원 등 모두 40명이다. 연구참여자의 선정은 판동초 어린이 기본소득을 주도적으로 설계하고 실현한 주요 공유자인 강환욱 교사와의 사전 준비 화상 인터뷰와 언론보도 등을 참고하여 이루어졌다.

연구참여자와 인터뷰 관련 사항

| 구분 | 주요 특성 | 인터뷰 방식 | 일시 및 소요시간 |
|---|---|---|---|
| 연구참여자 1~10 | 판동초 1~2학년 학생 | 초점집단인터뷰 | 2021년 12월 14일(화) 60분 |
| 연구참여자 11~21 | 판동초 3~4학년 학생 | 초점집단인터뷰 | 2021년 12월 14일(화) 60분 |
| 연구참여자 22~31 | 판동초 5~6학년 학생 | 초점집단인터뷰 | 2021년 12월 14일(화) 60분 |
| 연구참여자 32 | 강환욱 교사 | 개별 인터뷰(2회) | 2021년 11월 24일(수) 60분 (사전 준비 화상 인터뷰) 2021년 12월. 13일(월) 180분 |
| 연구참여자 33 | 판동초 교장 | 개별 인터뷰 | 2021년 12월 13일(월) 120분 |
| 연구참여자 34 | 판동초 교사 | 개별 인터뷰 | 2021년 12월 15일(수) 90분 |
| 연구참여자 35 | 학부모, 팔판동협동조합 이사 | 개별 인터뷰 | 2021년 12월 14일(화) 120분 |
| 연구참여자 36 | 학부모 | 개별 인터뷰 | 2021년 12월 15일(수) 120분 |
| 연구참여자 37 | 학부모, 팔판동협동조합 초대 이사장 | 개별 인터뷰 | 2021년 12월 15일(수) 120분 |
| 연구참여자 38 | 최종예 전 아이쿱 청주지부 이사장 | 개별 인터뷰 | 2021년 12월 16일(목) 120분 |
| 연구참여자 39 | 삼승면 이장협의회장, 판동초 동문회장 | 개별 인터뷰 | 2021년 12월 17일(금) 110분 |
| 연구참여자 40 | 군의원 | 개별 인터뷰 | 2021년 12월 17일(금) 110분 |

주: 연구참여자 32인 강환욱 교사와 연구참여자 38인 최종예 전 아이쿱 청주지부 이사장은 이미 판동초등학교 어린이 기본소득과 관련하여 다수의 언론에 출연하여 실명이 알려져 있다. 이에 두 연구참여자의 동의를 얻어 실명을 밝히고 서술하였다.

연구진은 인터뷰를 시작하기 전 세 차례의 회의를 통해 반구조화된 질문지를 만들었고, 실제 인터뷰를 수행하면서 확보된 정보를 바탕으로 매일 3~5시간의 회의를 통해 이후 예정되어 있는 연구참여자와의 인터뷰에서 사용할 질문지를 수정하였다.

인터뷰는 2021년 12월 13일부터 17일까지, 판동초등학교 교실, 휴게실, 목공실 등 학교 공간과 학교가 소재한 충북 보은군의 카페, 식당, 군의회 사무실 등 연구참여자가 희망하는 가장 편안해할 수 있는 장소에서 이루어졌다. 판동초 학생들에 대한 초점집단인터뷰는 1시간 정도, 그 외 성인 연구참여자와의 개별 인터뷰는 2시간 정도 소요되었다. 성인 연구참여자들은 모두 개별 인터뷰를 수행한 데 반해, 판동초등학교 학생들은 세 개의 집단으로 묶어 초점집단인터뷰를 수행하였다. 이는 두 가지 이유에서 그러하였는데, 첫째는 31명의 전교생 중 일부를 선별하여 인터뷰하기보다는 모든 학생의 의견을 들어 보고자 했기 때문이고, 둘째는 초등학생들의 경우에는 개별 인터뷰보다는 친구들과 함께하는 인터뷰가 더 편안한 분위기를 자아낼 것이라고 생각했기 때문이다.

인터뷰 내용은 모두 참여자의 동의를 얻어 녹음하고 기록하였고, 인터뷰 과정에서 불편을 느끼거나 응답의 필요성을 느끼지 못하는 부분에 대해서는 답변을 거부할 수 있고 인터뷰를 중단할 수도 있음을 미리 알려주었다. 이러한 내용을 모두 포함한 연구윤리 확약서를 작성하여 인터뷰 시작 전에 설명하고 동의 서명을 받았다. 성인 연구참여자에게는 소정의 사례가 지급되었고, 어린이 참여자들에게는 매점쿠폰이 지급되었다. 사례비 지급을 위해 수집한 개인정보는 사례비 지급 이후 모두 파기하였으며, 전사轉寫 과정에서도 개인정보가 드러나는 부분은 모두 삭제하여 연구윤리를 준수하고자 하였다.

자료 분석을 위해, 연구진은 면접 자료의 녹취록을 반복적으로 읽으며 연구참여자들의 경험 속에서 공유화가 어떤 방식으로 진행되고 그 의미가 무엇인지에 대한 세부 항목들을 추출하였다. 연구자들 사이의 토론을 통해 경험과 구조적 이유 간의 관련성을 심층적으로 이해하고자 노력하였고, 분석 과정에서 자료를 보완하면서 연구자들의 이해를 확장하고 심화할 수 있었다.

제3부

# 판동초 공유자들이 일군 두 번의 공유화

# 제4장
# 첫 번째 공유화 – 판동초 협동조합 매점

판동초의 팔판동협동조합은 매점이 필요한 아이들과 아이들의 마음을 읽은 선생님이 충북교육청의 학교협동조합 지원사업을 만나면서 만들 수 있었다. 주변에 놀러 갈 곳도, 맛있는 것을 사 먹을 곳도 갖지 못한 판동초 아이들은 학교 안에 매점이 생기길 원했다. 아이들의 바람에 귀 기울인 선생님은 아이들이 함께할 수 있는 공간을 만들어 주고 싶었다. 이들의 바람은 일정한 제도적 맥락 위에서 드러나고 조우할 수 있었다. 아이들에게는 전교생이 참여하는 회의체인 '다모임'이 있었고, 선생님에게는 연구년 기간에 활동했던 지역의 교육협동조합 경험이 있었다. 때마침 충북교육청이 시민교육 활성화 차원에서 시행한 학교협동조합 지원사업은 판동초의 매점이라는 새로운 공유지 만들기를 시작하는 계기가 되었다.

학교 매점이라는 새로운 공유지의 탄생을 강력하게 주도한 사람은 강환욱 교사였다. 그러나 이 과정은 판동초가 가진 '공유지'로서의 역사와 삼승면이라는 지역의 현재 상황을 배경으로, 저마다의 이유로 공유지가 필요했던 다양한 사람들의 꿈이 만나 이루어 낸 결실이었다. 판동초의 매점은 판동초라는 공간을 공유지로 인식한 사람들이 행한 공유화의 결과물이자, 전통적 공유지에 내포된nested 새로운 공유지였다.

## 1. 판동초라는 공유지의 과거와 현재

### 1) 작지만 강한 학교: 기억과 관계의 힘

판동초등학교는 충청북도 보은군 삼승면에 있는 초등학교로, 1962년 삼승국민학교 원남분교장으로 설립 인가를 받고, 1965년에 판동국민학교로 개교했다. 현재는 전교생이 36명뿐인 작은 학교다. 그러나 마을 사람들은 '공유지'로서의 판동초를 기억하며, 지금도 학교를 중심으로 하는 단단한 유대 관계를 이어 가고 있다.

마을 사람들에게 판동초는 자부심의 원천이었다. 판동초는 1965년 개교 당시, "마을에서 재산이 많았던 분, 김기봉이라는 분이 이 땅을 희사해서, 그러니까 자기 땅을 내놓음"(연구참여자 33)으로써 지어졌다고 전해 온다. 학교는 국가가 "교육청 돈으로"(연구참여자 33) 지은 것이지만, 그 기반은 마을 어르신의 희생이었다. '김기봉 어르신'의 이야기는 마을 사람들이 모두 알고 있는 집단기억이다. 한때 판동초는 보은군에서 세 번째로 큰 학교였다. "보은 읍내에 두 개의 큰 학교가 있었고, 그다음으로 이 학교가 컸다. 보은 15개 학교 중에서 판동초가 3등 정도로 아이들이 많았"(연구참여자 33)다.

마을 어르신의 희생으로 보은에서 세 번째로 큰 학교로 성장했던 학교에 대한 기억은 학교와 마을의 화려했던 시절에 대한 향수를 불러일으킬 뿐 아니라 학교를 '공유지'로 인식하게 한다. 마을이 있었기에 학교가 생길 수 있었고 마을과 성쇠를 함께해 온 학교라는 인식이다. 그러므로 학교가 길러 내는 아이들은 곧 마을의 희망이기도 하다. 판동초 누리집에는 지금도 "여덟 명의 판서가 판동벌에서 나온다는 유래가 있는 학교"라고 스스로 소개하고 있다. 학교 매점을 운영하는 협동조합의 이름이 "팔판동"인 것도 이 때문이다. 마을 이장이자 동문회장인 연구참여자 39는 학교에 거는 기대를 이렇게 표현한다.

> 옛날 김기봉 어르신이 땅을 희사한 거예요. 개인 땅을. 그분이 그 많은 땅을. 비석도 아마 옛날에 세운 것 같은데, 땅을 희사했다는 걸 마을 주민들이 다 알고 있어요. 저도 알고 있으니까. 판동이 원래 판사*가 8명이 나온다고 해서 팔판동, 판동이라고 했는데, 지금 한 명밖에 안 나왔어요. 더 나올 거에요. (연구참여자 39)

지금도 학교와 마을은 하나의 공동체를 형성한다. 졸업생은 마을 주민으로 남았고, 후배들의 부모, 조부모가 되었다. 마을은 지속적으로 학교에 관심을 갖는다. 새로 오는 교장은 동문회나 마을 단위 각종 협의회에 빠지지 않고 참여하면서 마을과 소통하고 후원자가 된 지역 주민들에게 예우를 다한다.

마을 어른들은 "운동회나 입학식, 졸업식, 이럴 때 학교에 오시고, 또 찬조금도 주고, 장학금도 주고, 장학 기금이 동문회에 있어서 그걸 가지고"(연구참여자 33) 학교에 필요한 일들을 해 준다. "이 학교를 주변에서 인정을 많이 하는 이유는 지역 주민하고 우리 동문들이 굉장히 학교에 대한 지지와 협조와 관심이 높기"(연구참여자 33) 때문이다.

> 정확한 연도는 잘 모르지만, 2008년인가 그즈음에 천연 잔디를, 동문회에서 우리 아이들을 위해서 운동장에 쫙 깔아 주었어요. 한참 전부터 학교들이 왜 인조 잔

---

* 원래 구전되는 이야기 속에서는 "판서"였지만, 지금의 주민들은 "판사"라고 칭하고 있다. 성공하여 나라에 이로운 일을 하는 인재라는 의미를 현대식으로 담은 표현일 것이다.

디를 깔았잖아요, 근데 그건 발암물질도 있다고 하고. 여기는 천연 잔디로. 천연 잔디가 있는 학교는 충북에서 두 군데밖에 없어요. 그것도 그냥 깐 게 아니라, 잔디 잘 자라라고 1m가량 물 빠짐 공사도 하고 스프링클러까지 해서. (연구참여자 33)

교장은 마을 주민의 지지에 보답하는 마음으로 마을과 소통한다. 마을에는 "새마을회, 부녀회장, 농협 조합장님, 무슨 연합회장, 무슨 민방위대, 뭐, 뭐 해 가지고 한 30명가량"이 "두 달에 한 번 정도" 모이는 연합회가 있다. 교장은 여기에 "꼭 참석한"(연구참여자 33)다. 교장의 참석은 다시 학교에 대한 마을의 후원을 끌어내는 촉매가 된다. "지금 교장선생님이 잘하시고, 지역의 회의가 있으면 꼭 참석하시고, 우리 주민들이 도와줘야지 자기들 교사만 갖고는 하지 못한다, 지역에서 안 도와주면 절단이 된다고"(연구참여자 39) 하며, 마을 어른들의 관심을 촉구한다.

학교는 마을의 구심점이고, 그 핵심에는 역시 아이들이 있다. 마을에서 아이들은 없어서는 안 되는 존재다.

학교가 사실 이 시골에서 중심적인 역할을 해요. 학교 하나 없는 걸로 인해서 마을이 굉장히 주저앉고 힘이 없죠. 또 거기서 청하는 것도 저희가 해 드리죠. 마을 잔치한다, 그러면 저희가 거기 가서 애들 재롱 잔치로 뭐, 뭐, 뭐 할 건가? 경기를 할 때 애들 데리고 가서 같이 경기를 해 드리자, 이런 것도 하고. 그래서 삼승면 체육대회, 잔칫날 같은 데 가서 애들 댄스도 하고, 애들이 빠지면 안 돼요. (연구참여자 33)

학교와 마을이 맺어 나가는 인간적 유대 관계는 학교 내부 구성원들 사이에서도 이어진다. 학교는 구성원들에게 돈독한 인간관계의 구심점이 된다. 학교가 작아서 가질 수 있는 강점이기도 하다. 작은 학교에서 학생, 학부모, 교사는 직접 소통한다. 학부모들은 관계의 친밀성을 기대하며 이 학교를 선택했고, 이 점에서 만족스럽다고 말한다. 학부모 입장에서는 "선생님들이 아이들한테 한 명, 한 명 다 이렇게 맞춤형 수업 그런걸 충분히 하시는 것도 마음에 들었고, 학생 수가 원체 작으니까 영양사선생님들도 다 알게 되어, (중략) 정보도 어느 정도, 어떻다, 어떻다, 그게큰 주제의 이야기가 아니고 소소한 거여도, 항상 챙겨 주시는 느낌을 받고"(연구참여자 36) 있다.

### 2) 판동초와 마을의 현재: 소멸위기의 지역과 학교

공동체로서의 기억을 가지고 지금도 그 공동체성을 유지하면서 살아가는 마을과 학교지만, 판동초와 마을의 현재는 왜소하고 위태롭다. 보은군 전체가 소멸위기지역이고, 폐교 위기의 소규모 학교가 늘어나고 있다. 보은군 내 초등학교 14개 중 12개, 중학교 5개 중 2개가 학생 수 60명 미만의 작은 학교들이다(이종억, 2022). "주민들은 보은이 교육적으로 너무열악하다, 정치적 청렴도도 전국 최하"(연구참여자 32)라고 걱정한다. 충청북도 내에서도 학생 수 감소가 두드러진다.

판동초가 있는 삼승면은 1990년대 이후 사과 농사를 지으면서 그나마 인구가 다소 유입되고 있다. "그전에 과수를 안 할 때는 여기가 낙후"(연구참여자 39) 되었었다. "사과를 하면서, 사과가 특산물이 되면서부터입소문이 나서 지역에 젊은 사람들이 들어"(연구참여자 39)온다. 그렇더라도 학교 운영이 안 될 만큼 학생 수가 줄어드는 현실이 마을에도 큰 걱정이다. "출산율이 저조해 가지고, 지금 큰 걱정하는 게, 선생님들도 그렇고 동문회에서도 그렇고, 학생이 인원이 있어야 학교가 운영이 될 텐데"(연구참여자 39) 하는 것이다.

소규모 학교는 대도시에 비해 교육인프라가 열악하다. 농촌인구 유출과 출산율 저하로 농촌지역 학교들은 점점 작아지는데, 교육정책은 학생 수를 기준으로 결정된다. 면 단위 학교는 복식학급으로 운영되고, 학생 수가 더 줄어들게 되면 분교로 격하된다. 그렇게 되면, 교원은 물론 학교에 관련된 인프라 투자가 줄어든다. 이는 다시 학생 유출을 가속화한다. 학생 수 감소와 교육투자 감소의 악순환이다.[*]

현재 판동초의 학생 수는 36명에 불과하다. 게다가 판동초는 작은 학교 중에서도 유난히 주변에 아이들을 위한 편의시설이 없다. 정문을 나서면 논과 밭, 축사만이 있을 뿐, 문구점이나 분식집도 하나 없다. 판동초의 한 교사(연구참여자 34)는 자신의 경험상 여기처럼 논밭만 있는 학교는 없었다고 말한다.

전에 있었던 학교도 더 작은 학교예요. 그랬어도 학교들은 면 소재지에 있잖아요? 제가 다녀 본 어느 학교도 문구점, 슈퍼 하나 없는 데는 없었어요. 여기는 없더라고요. 논밭만 있더라고요. 작은 학교들도 어쨌든 면 소재지에 하나 혹은 두 개 있으니까, 그래도 나가면 큰길이 있고 건물들이 있어요. 그런데 여기는 좀 특별하죠. (연구참여자 34)

그나마 가게들이 있는 면사무소 소재지까지는 차로 5분 정도 거리지만, 아이들이 걸어가기에는 멀고, 인도가 없는 지방도로는 아이들이 혼자 걸어가기에는 너무 위험하다. 보은읍까지 나가려면 "버스 타고, 10분, 20

---

[*] 판동초의 학생 수는 2019년 47명, 2020년 41명, 2021년 36명, 2022년 36명이다. 충북교육청은 2020년에 「적정규모학교육성기금 설치 및 운용에 관한 조례」를 제정하고, 2021년부터 「적정규모학교 육성 변경 기준」을 발표해 적용하고 있다. 적정규모학교는 "학생들의 교육력 향상을 위하여 교육과정을 정상적으로 운영하는 것"이 "가능한 규모로서의 학교"로 정의된다. "육성"이란 학교통합·폐지, 이전재배치, 통합운영학교, 분교장 개편 등을 통해 규모를 '적정화'함을 의미한다. "육성"이 결정된 학교에 대해 교육청은 조례에 따라 육성 기금을 투입한다. 초등학교는 1면 1교 유지와 주민의 합의에 의한 정책 실행을 원칙으로 내세웠다. 그러나 주민과 학부모의 "자발적 요구"가 있으면 기준과 원칙이 아니어도 "육성" 대상으로 지정할 수 있다는 단서도 달고 있다. 면 지역 "적정규모학교 육성"에 대한 교육부 권고 기준은 60명이지만 충북교육청은 이를 50명으로 낮추었다. 판동초 역시 얼마든지 통폐합 대상이 될 만한 학교다. 보은교육청 누리집의 폐교 현황을 보면, 1982년부터 2021년 3월까지 22개 학교가 폐교되었다. 이는 보은군의 2021년 현재 초등학교 수 15개교보다 훨씬 많은 숫자다(송진선, 2021).

분은 걸”(연구참여자 31)린다. 판동초 학생 수는 60명대, 40명대, 30명대로 점점 줄었고, 폐교는 시간문제라는 이야기가 지역사회에 떠돌고 있다. 학교가 작아질수록 학교 주변에 영리 목적의 편의시설이 들어설 가능성은 낮아진다. 결국 논과 밭, 비닐하우스에 둘러싸인 학교에 다니는 아이들은 갈 곳이 없다. 학교와 집만을 오간다. 아이들에게 재미있을 만한 장소를 찾기 어렵다.

## 2. 새로운 공유지를 꿈꾸고 가꾸는 공유자들

판동초라는 오래된 공유지는 화려한 역사에 대한 기억과 함께 지금도 학교 안과 밖에서 강한 유대 관계를 맺는 기초가 되지만, 산업화 과정에서 쪼그라들어 지역 소멸과 폐교의 위협에 직면해 있다. 그러나 그 안에는 여전히 삶을 이어 가는 사람들이 있고, 그들은 저마다의 이유로 새로운 공유지를 만들고 싶어 하는 공유자가 되었다. 이들은 오래된 공유지에서 다시 새로운 공유지를 만드는 데 참여하였다. 팔판동협동조합은 이들의 공유화 무대로서 이들의 삶에 활기를 불어넣으며 새로운 꿈을 꾸게 했다.

### 1) 판동초 아이들: 간식과 재미, 선택의 기회가 있는 공간을 꿈꾸다

학교 인근에 아이들을 위한 공간이 워낙 없으니, 아이들은 먹고 놀고 즐길 수 있는 공간이 학교 안에 만들어지기를 바랐다. 학교 매점은 이런 아이들의 요구에서 시작되었다. 아이들은 전교생의 자치모임인 '다모임'을 통해 자신들의 바람을 말해 왔다.

판동초는 충북 보은군 삼송면 논과 밭에 둘러싸인 작은 학교다. 교사와 운동장은 큰 학교들 못지않게 잘 가꾸어져 있다. (사진: 이지수)

원래 저희가 금요일, 월요일마다 다모임을 해요. 전교생 자치회를 하는데, 그때 2년 전인가 다모임을 하는데, 저희 주변에 딱 보면 알잖아요. 논, 밭이 많잖아요. 그래 가지고, 읍이나 이런 데 버스 타고 10분, 20분 걸려서. 다모임에서 그래서 매점 만들면 좋겠다고 해서. (연구참여자 31)

학교 근처에 마트가 없어요. 그래서 애들이, 학생들이 배고파하니깐. 그걸 보고. (연구참여자 27)

강환욱 선생님은 아이들에게 재미있는 공간을 만들어 주고 싶었다. 복직을 앞두고 "처음에는 막연하게 학교에 매점이 있으면 애들이 참 재밌을 것 같고, 애들도 배 고플텐데, 그리고 이왕 협동조합이면 애들도 거기 운영에 참여할 수 있고 그러면 재밌겠다"(연구참여자 32)는 생각을 했다. 학교 주변에 아이들이 갈만한 곳이 없다는 것이 중요한 이유였다.

(매점은) 누구나 좋아할 만한 사업이잖아요, 애들한테도. 여기 주변에 아무것도 없으니까 학부모도 좋아할 테고, 애들도 좋아할 테고, 그럴 거라고 제가 얘기했던 것 같아요. (연구참여자 32)

재미있는 공간을 갖고 싶어 하는 아이들과 그 바람에 반응하는 강 교사의 만남은 매점 만들기 이후에도 여러 가지 새로운 공간 만들기로 이어졌다. 아이들이 쉴 수 있는 휴게실도 만들었다. 휴게실에는 "담요도 있고, 소파도 있고, 침대도 있고 하니까, 거기에서 쉴 수 있"(연구참여자 27)는 공간이다. 휴게실이 만들어진 것도 "애들이 다모임에서 휴게실을 만들자는 의견이 나와서 만든 것"(연구참여자 29)이었다.

(그런 것들이 언제부터 생겼어요?) 저희 선생님 올 때부터요. (연구참여자 31)

주말마다 집 지어요. (연구참여자 27)

강환욱 선생님은 여기 오래 있었는데. 어쨌든. 강환욱 선생님 오고 나서요. 지금 몇 개월 됐나? 매점이 첫 번째로 생겼고, 매점 생기고 방방장, 집라인, 시소, 유치원 놀이터 바로 앞에 그런 게 생겼는데. 그리고 마지막에 방방장 바로 앞에 하우스가 있는데 거기가 목공소에요. (연구참여자 29)

학부모들은 아이들에게 선택의 기회를 주고 싶었다. 학교 인근에 상점이나 문화시설이 하나도 없다는 것은 불편함을 넘어 아이들이 선택의 기회를 잃어버리는 문화적 소외로 이어진다. 팔판동협동조합의 초대 이사장이었던 학부모는 이렇게 말한다.

가장 큰 게 엄마들 모두 하는 말이, 아이들이 엄마가 사 주는 간식이 다인 거예요. 자기 손으로 뭘 사 먹을 수 있어야 되는데 선택지가 없는 거죠, 돈이 있어도. 그 걸 안타까워했던 거죠. 먹는 것도 그렇지만 이왕 먹는 것 괜찮은 먹거리, 간식거리 를 자기 손으로 사 먹을 수 있는 기회를 제공하고 싶었던 게 가장 큰 취지였던 거 죠. 협동조합에도 여러 가지가 있잖아요. 굳이 매점을 안 해도 되는데, 그래도 우리 는 매점을 한번 하자고 했죠. (연구참여자 37)

### 2) 강환욱 교사: 공교육 안에서 대안교육을 꿈꾸다

판동초 학교협동조합의 가장 중요한 기획자 겸 실행자는 강환욱 교 사다. 모든 연구참여자가 이에 동의한다. 강 교사가 매점을 기획했던 것 은 잘 드러나지 않는 아이들의 목소리를 들을 줄 알아서였다. 그는 일반 적으로 초등학교에 매점이 없는 것은 정말 필요하지 않아서가 아니라 아 이들의 목소리가 많이 묻히기 때문이라고 설명한다. "아이들이 어려서 본인이 요구하는 것을 잘 표현하지 못하기도 하지만, 어리기 때문에 묻히 는 목소리들이 상당히 많"(연구참여자 32)다는 것이다.

어리니까 당연히 필요 없겠지, 어리니까 괜찮겠지, 이렇게 어른들이 예단해 버 리고 그냥 넘어가는 것들이 더 많다고 저는 생각하거든요. '어린데 무슨 용돈이 필 요해?' 뭐 이렇게 생각하는 것처럼, 매점도 중고등학교쯤 되면 얘네들이 신체도 크 고 하니까 배도 빨리 고파지고, 그리고 또 애들이 요구를 하잖아요. 애들이 머리가 크면 요구 사항들이 많아지잖아요. 그에 비해 초등 아이들은 이걸 어른들이 안 해 줬으면 계속 요구 안 했겠죠. 매점이 뭔지도 모르고. 그다음에, 학교 근처에 아무런 슈퍼가 없으니까 그냥 그대로 살았을 거라고 봐요. (연구참여자 32)

그러나 강 교사는 잘 드러나지 않는 아이들의 목소리를 들을 줄 아는 교사였다. 그는 교사가 되기 전부터 대안교육에 관심이 있었다. 교사로 임용되기 직전, 남한산초등학교에서 3개월 정도 기간제교사로 근무하였다. 남한산초등학교는 2000년대 초반 폐교 위기에 있었지만, 학부모와 지역사회, 그리고 뜻있는 교사가 학교 살리기에 나서면서 타지에서 학생이 유입되는 공교육 혁신 모델이 되어 널리 알려졌다. 강 교사는 짧은 기간이지만 그곳의 선생님들에게서 많은 것을 배웠다고 회상한다.

교사 임용 이후, 강환욱 교사가 스스로 명실상부 판동초의 공유자가 된 계기는 그 스스로 보은군으로 이주한 것이다. 그는 2005년 충청북도의 교사로 임용된 후, 줄곧 보은군의 학교들에 근무했다. 그러나 사는 곳은 청주였다. 보은으로 이사한 것은 2014년의 일이다. 처음에는 단지 통근 거리를 단축하고자 함이었다. 그러나 보은으로 이사 오면서 비로소 "내가 이 지역에 사니까, 여기 살기 시작하니까 마을에 관심을 가져 봐야겠다"는 생각을 하게 되었고, "그래서 (보은의 교육 관련 단체들에) 들어갔던 것"(연구참여자 32)이다.

교사가 학교 가까이에 거주한다는 것은 다른 공유자들에게도 특별한 의미를 지닌다. 보은군 내 초등학교 교사 상당수는 생활의 편의를 위해 도청 소재지인 청주에 거주한다. 마을 주민과 학부모들은 이를 달가워하지 않는 편이다. 외지에서 출퇴근하는 교사들은 '곧 떠날 사람'이고 폐교 등의 당면 문제를 함께 짊어질 것 같지 않아서다. 스스로 보은군민이라는 사실은 강 교사가 마을과 학교에 더 단단히 뿌리내리는 기초가 된다.

여기 공무원이라든지 선생님들이라든지, 많게는 80% 다 청주 분이신 거예요. 보은에 와서 아이를 키우기 힘들고 먹고살 게 없는 거죠. (중략) 솔직히 학교 선생님 10명 중 한 분이 보은분이다 그러면, 그분이 눈에 더 들어와요. 그렇게 돼 버려요. 이분(강환욱 교사)은 정말 우리 사람, 나머지는 정말 전근 가시고 떠날 사람. (연구참여자 37)

강 교사가 보은군민이 된 후 2016년경, 보은교육지원청이 행복교육지구 사업을 시작했다. 교육지원청은 TF팀에 참여할 교사를 모집하였다. 강 교사는 '군민'으로서 갖게 된 '마을에 대한 관심'으로 이 팀에 자원하여 참여하였다. 거기에서 보은의 교육 문제에 관심이 있는 다른 주민들을 만날 수 있었다. 그들은 "보은이 교육적으로 너무 열악하다, 우리라도 뭔가를 해 보자. 행복교육지구도 생겼으니까 뭔가 이걸 통해서 교육적인 일들을 하자고" 뜻을 모았다.

강 교사는 2018년 보은에서의 네 번째 근무지인 판동초에 부임하면서 곧바로 1년의 연구년을 가졌다. 이때 행복교육지구 사업을 통해 알게 되었던 다른 주민들과 함께 보은의 교육협동조합인 햇살마루를 창립하였다. "햇살마루를 꾸린 사람들 절반 이상은 행복교육지구에서 만난 마을 사람들"이었다. 햇살마루는 마을 아이들에게 노작교육을 하고 방과후 돌봄교실을 연다. 강 교사는 조합원으로 참여하며 스스로 목공을 배우고 목공을 아이들에게 가르쳤다. 공동의 관심사를 가진 지역의 사람들과 만나 교류하고 이를 기반으로 목적을 공유하는 조직을 만들고 이 조직을 통해 본인이 하고 싶었던 방식으로 아이들을 만나고 가르치는 경험을 가졌다. 이 경험은 강 교사가 연구년을 마치고 판동초로 복직한 후 교내 협동조합 매점 설립, 목공실 설치와 목공 교육, 집라인이나 방방이 같은 놀이기구의 제작과 휴게실 설치까지 아이들의 욕구에 반응하며 새로운 '공유지'를 만들고 확장할 수 있는 실질적인 토대가 된다.

어린 학생들의 목소리에 귀 기울이는 품성, 이주를 통해 스스로 보은군민이 되고 지역 내 교육협동조합의 공유자로서 학교 밖에서의 교육활동에 참여했던 경험은 대안교육을 향한 그의 꿈 가꾸기로 이어지고 있다. 지금 강환욱 교사는 공립 대안학교의 설립을 꿈꾸고 있다. 판동초에 학교 밖 교육 경험을 끌어와 팔판동협동조합이라는 새로운 '공유지'를 만들었다면, 공립 대안학교 설립을 통해 공교육 내부에서 '공유지'를 더욱 확장할 수 있기를 꿈꾸는 것이다.

강 교사는 판동초 운동장을 사이에 두고 본관과 마주 보는 자리에 목공실을 만들었다. 이곳은 아이들이 좋아할 만한 놀이 기구와 6학년 교실에 설치한 구조물을 만드는 장소일 뿐 아니라, 여러 대의 재봉틀을 들여놓고 학부모와 교직원이 함께 재봉반 활동을 하는 장소이기도 하다. 강 교사 개인으로서는 좋은 교사로서의 꿈을 키우는 공간이기도 하고, 공교육 안에 스스로 마련한 작은 대안교육의 공간이기도 하다. 연구진에게 목공실 살림살이를 조목조목 소개하면서, 강 교사는 기분 좋게 말한다. "저는 여기 목공실이 참 좋아요. 학교 안에 있으면서도 학교 밖에 있는 공간이잖아요."

### 3) 학부모: 이방인에서 공유자로, 학교와 지역에 뿌리내리기를 꿈꾸다

판동초의 학부모들은 학교 매점이라는 새로운 공유지를 만든 중요한 공유자다. 학부모 중에는 팔판동협동조합의 조합원이 아닌 사람도 있고, 조합원이더라도 조합 이사는 아니어서 매점 관리에 깊이 관여하지 않는 사람도 있다. 그러나 이들 모두에게 학교 매점은 열려 있다. 조합원이 아니어도 물건을 살 수 있다. 조합 이사가 아니어도 매점 운영에 대해 의견을 낼 수 있고 매점 공간에서 이루어지는 '수다'와 각종 활동에 참여할 수 있다.

학부모들에게 매점, 즉 팔판동협동조합은 이방인의 지위를 벗어나 학교와 지역의 공유자로 뿌리내리게 하는 토양이다. 판동초의 학부모들은 대체로 외지에서 삼승면으로 이주한 사람들이다. 결혼이주여성도 있고, 수도권 등 도시에 살다가 생계를 위해 삼승면에 정착하기로 결심한 사람도 있다. 이들에게 삼승면은 새롭게 적응하고 뿌리내려야 할 낯선 땅이다. 아이들의 존재는 외지에서 이주한 학부모들을 마을 어른들과 이어 주는 끈이 되고, 아이가 다니는 학교는 학부모에게 지역사회와 이어지는 연결 통로가 된다. 특히 학교 안에 새로 생긴 협동조합 매점은 학부모들이 자연스럽지만 매우 적극적으로 학교 일에 참여하는 기회를 제공했다.

연구참여자 36은 5년쯤 전에 호두 농사를 짓기 위해 수도권에서 옥천으로 이사했다. 옥천은 삼승면과 경계를 접하고 있는 곳이다. 옥천과 보은 어디도 고향이 아니고 아무런 연고가 없었다. "그냥 기회가, 우연치 않게 호두를 심을 수 있는 여건의 땅이 나와 가지고" 옥천으로 오게 되었다. 이주 당시 병설유치원 7세 반으로 들어갔던 큰아이는 지금 4학년이 되었고, 한 살이었던 둘째는 병설유치원에 다니고 있다. 이주 당시, 농촌이 "텃세가 심하다"는 우려를 주변에서 많이 들었다. 그러나 "아기가 있다는 건 특혜"(연구참여자 36)였다. 아기로 인해 서로의 집을 왕래하고 마을 정자에서 이웃을 만날 수 있었고, 마을 어르신들은 농사지은 것을 가져다주셨다. 아이를 키운다는 사실이 마을 어르신들과 쉽게 교류할 수 있는 접점이 되어 주었다.

> 처음에는 이사할 때 주변에서 그런 말씀이 되게 많았어요. 텃세가 심하다, 정말 잘해야 된다고 주변에서 하도 말을 들어서 걱정을 솔직히 많이 했거든요. 그런데 마을 주민 분들이 가구 수가 10가구 정도밖에 안 되고, (중략) 마을 분들이 애기 키울 때는 같이 집에도 오시고, 마을 정자에서도 지내고 하니까, 부모님 없이 혼자 와 있으니까 챙겨 주시고. 대부분 다 챙겨 주셨어요. (중략) 본인들 자식들처럼 때때마다 농사지으신 것 다 항상 갖다주세요. 특혜예요, 애기가 있어서. 과일 같은 것, 음식 같은 것 챙겨 주시고. (연구참여자 36)

연구참여자 35는 조선족 이주여성으로, 팔판동협동조합 이사로 활동하며 학교와 지역 일에 적극적으로 참여하고 있다. 교육청을 통해서 다문화 중국어 강사로 활발히 활동한다. 중국으로 유학을 왔던 남편과 캠퍼스

커플로 만나 결혼하면서, 2010년경에 삼승면에 정착했다. 보은에서의 생활이 처음부터 쉽지는 않았다. 중국에서는 도시에 살았고, "친구들도 너무 많"았었다. 보은의 생활은 달랐다. 조선족이라서 더 어려운 점도 있었다. "저는 웃긴 게 다문화에도 안 껴 주고, 한국 사람으로도 안 껴 주고, 왜냐하면 다문화면 외국 사람 티가 나야 되는데, (외모는) 티도 안 나니까" 사람들과 서로 오해가 생길 수도 있었다. "살짝 우울증이 왔"다.

> 집에서 일단 아침에 밥 다 해 놓고, 아이 보내고, 저희 신랑 새벽에 일 나가니까 보내 놓고, 그냥 멍 때리다 점심시간 밥 챙겨 주고 멍 때리다 아이들 픽업하는 거 있잖아요. 근데 어느 순간 자괴감이 들었다고 해야 되려나? 나도 배울 만큼 배웠는데 여기 와 가지고 이렇게 가만히 있는 내가 너무 싫은 거예요. (연구참여자 35)

그러나 "여기 문화는 '왜 우울증 걸려?', 힘들어서가 아니라 너무 한가해서 우울증 걸리는 거라고, 일도 안 하고 신랑이 잘 벌어다 주니까 한가해서 그렇다고" 치부되었고, "내가 왜 이렇게 힘들어하는지 신랑도 이해 못 할 것"이라는 생각이 들었다.

아이의 학교 일에 참여한 것은 변화의 계기가 되었다. "여기 학부모 회의도 하고, 다른 학부모 언니도 알고, 마음 맞는 언니도 알고, 이것저것 배우다 보니까 이게(우울했던 게) 많이 풀렸"다. "학교 행사를 하면서 시간 되면 와서 도와주고 하다 보니까, 다른 학부모 언니들이 '애가 착하네, 열심히 하려고 하네' 이렇게 되면서 동생처럼 이쁘게 봐"주었다. "언니들과 같이 어울리면서 보은연합회, 학부모연합회도 같이 가서 또 어울리게 되고, 그쪽에 봉사도 하게 되고, 그렇게 봉사를 하다 보니까 또 그만큼 아이들 교육에 대한 정보도 따라왔"다. 그러다 보니 "지금은 우울증 걸릴 시간이 없이 바쁘"다고 말한다. 아이들이 다니는 학교에서 맺어지기 시작한 관계가 다른 학교의 학부모들, 보은읍의 학부모연합회까지 확대되니 우울할 틈이 없다. 연구참여자 35는 학교와 지역 일에 적극적으로 참여하면서 학교를 넘어 지역사회의 구성원으로 정착하고 인정받을 수 있었다. 교육청의 중국어 강사로 일도 하게 되었다. 그는 "협동조합 일을 열심히 하면서 바쁘고 여기서 이렇게 열심히 한다 하면, 다른 학교에서도 알려지고 강사도 다 연계된"다고 말한다.

연구참여자 35는 자신이 하는 여러 가지 봉사와 헌신이 다시 판동초와 판동초 아이들을 위한 보답으로 돌아온다는 것을 알게 되었다.

제가 거기서 봉사를 하잖아요. 그러면, 예를 들어 저희가 대추 축제 때문에 한 열흘 봉사를 하잖아요. 에그타르트를 하루에 300개씩 만든 적도 있고, 팝콘도 튀기고. 그러고 나면 그 재료들이 다 판동으로 와요. 우리 애들 행사할 때 쓸 수 있게 다 연계가 되어요.

이제는 다른 사람의 사정도 헤아릴 수 있을 만큼 스스로 성장했다고 느낀다. "귀촌하신 분도 처음에 적응이 안 돼서 우울증 많은 사람이 많아요. 저는 겪어 봤으니까 딱 눈에 보이더라고요. 너무 열심히 하고 너무 해맑은데, 그게 다 인정받고 싶고, 뭘 해야 마음이 안정이 되니까 그런다는 것, 그게 너무 잘 보이는"것이다. "그래서 같이 뭐 이런 거 했으면 좋겠다"고 하면서 권유하고 그들을 초대한다. 자신처럼 외지인으로 겉도는 결혼이주여성이나 귀촌인들이 학교를 통해 지역사회에 단단히 뿌리내리길 바라고 있다. 학교 일을 같이하면서 맺어진 학부모들의 관계는 굉장히 깊다고 느낀다. "아이들이 졸업을 했는데도 다 만나요. 전화 한 통이면 졸업한 지 몇 년 됐는데도 저희 매점에 자꾸 꽃꽂이를 해 가지고 갖다주시는 학부모도 있고, 학교 뭔가 행사가 있다고 하면 졸업을 했어도 부탁을 하면 다 도와"주기 때문이다.

또 다른 학부모(연구참여자 37) 역시 귀촌인으로서 스스로를 외지인이라 느꼈었다. 원래 고향은 옥천으로, 삼승면 인근 마을이지만, 고향을 떠나 26년을 경기도에서 살았다. 귀촌 직후 적응 과정은 조심스러웠다. "대부분 타지에서 들어오면 마을 속으로 안 들어가고 약간 마을 바깥으로 가요. 마을 안에 집이 아무리 좋은 게 있고 터가 있다고 하더라도 들어가지 않"는다고 한다. 마을 원주민들에 잘 적응할 수 있을지, 지나친 간섭을 받지는 않을지 걱정이 되기 때문이다. 연구참여자 37도 마을 외곽에 집을 마련하고 마을과 일정한 거리를 유지하며 지내게 되었고, 그러다 보니 "아무도 아는 사람이 없는 공간에서 텃세에 몸살을 하는" 상황을 겪었다. 마을 일에 대해서 "뭔가 참여를 하려고 하면, '언니가 뭘 알아? 우리는 지금까지 이렇게 해 왔어' 그러면 소외감을 느끼고" 끼어들 수 없었다. 아이가 다니는 학교는 유일한 소통 창구이자 지역과의 연결고리가 되어 주었다. 팔판동협동조합의 창립 멤버로서 초대 이사장직을 수행하면서, 지역의 교육 관련 활동에 적극적으로 참여하는 공유자로 자리매김할 수 있었다.

> 여기 이사 왔을 때 아는 사람이 아무도 없는 거예요. 누구든 도시 생활에서 탈출해서 시골 오면 좋겠다고 하지만 막상 오면 1~2년은 텃세에 되게 몸살을 앓거든요. 저도 그랬어요. 그런 찰나에 어쨌든 애들이 학교를 다니다 보니까 학교 말고는 연결고리가 없는 거죠. 그 당시에는. 그래서 학교 연결고리 때문에 그런 활동도 했고, 그럼으로 인해서 보은읍에 있는 도서관이나 그런 데 쫓아다니고, 그러다 보니까 또 학교 일은 하나씩 더 추가가 되고 그랬죠. (연구참여자 37)

매점이라는 새로운 공유지를 통해 결혼이주여성이나 귀촌인으로 삼승면에 정착한 학부모들이 지역 주민으로 인정받으며 뿌리내릴 수 있었다. 그리고 이들은 공유자로서 매점 운영에서 핵심적인 역할을 맡았다. 학부모 이사들은 "2시면 학교에 와서 4시까지 매점을 관리해 준"(연구참여자 32)다. 학부모 이사들은 자동차로 1시간 이상 거리인 청주까지 가서 매점 상품을 조달할 만큼 열성적이다. 매점은 외진 곳의 농촌 학교라서 겪는 소외를 학부모 공유자들의 열의로 메꿀 수 있는 곳이었다.

> 매점에 빠진 물건들은 그분들이. 우리가 택배로 받을 수 있는 건 받지만, 여기가 시골이고 양이 적으니까 안 갖다 줘요. 아이스크림, 빵, 만두, 핫도그 이런 것들, 그렇게 묵혀서 오면 안 되는 거는 직접 청주로 가서 사 가지고 오셔서 냉장고를 채워 주시는 거죠. 그런 것도 출장비 없이 이렇게 봉사를 하셔요. 순전히 봉사로. (연구 참여자 33)

### 4) 교장: 교장으로서의 첫 부임지, 마을과 함께하는 작지만 강한 학교를 꿈꾸다

지금의 교장은 2019년 3월에 판동초에 부임하였다. 교장으로서는 첫 부임지다. 그가 왔을 때는 이미 팔판동협동조합의 기본 틀이 마련되어 있었다. 연구년을 마치고 한발 앞서 판동초로 복직을 준비하던 강환욱 교사가 충북교육청의 학교협동조합 지원사업을 신청해 놓은 상태였다. 새로 부임한 현재의 교장은 "첫째는 담당 선생님이 하고자 하는 의지와 기본적인 절차, 기본적으로 마인드가 되어 있었기 때문에 시작할 수 있었던 것"(연구참여자 33)이라고 하며, 사업 시작에 대한 공로를 강 교사에게 돌린다.

그러나 교장은 교장대로 이 학교에 대한 책임감과 기대가 컸다. "교장으로서는 초임으로 왔기 때문에 어떻게 우리 교직원을 잘 이끌고 화합할지"에 대해 고민이 많았고, "판동초가 작은 학교지만 이 학교는 위의 교장선생님들이 굉장히 한가락 한다고 그럴까, 장학관, 여기 계시다가 가시면 교육장, 이렇게 특별한 분들이 오셨"다는 것을 알고 있었으므로 책임감과 기대도 컸다. 부임을 앞두고 사람들로부터 "판동 그 지역은 세"다는 이야기도 들었다. 이는 동문과 주민들이 학교에 대해 관심이 많음을 의미하는 것이다. 이러한 인식이 주변에 형성되었던 것은 동문회가 중심이 되어서 속리산중학교를 판동초에서 가까운 원남중 자리로 유치하기 위해 "머리띠 두르고 이렇게 노력을 했던" 이력이 있기 때문이다. 부임하고 보니, 전해 듣던 대로 동문, 마을 주민과 학교가 강하게 연결되어 있다는 것을 실감할 수 있었다.

> 와 보니까 실제 그래요. 실제 운동회 때도, 또 제가 처음에 3월 2일 입학식 겸 시업식 겸 저도 처음 인사를 하러 단에 올라갔는데, 동문들이 와 계세요. 입학식에 쫙 와서 앉아 계셔 가지고. 학생은 7명 입학을 했죠. 그런데, 학부모는 당연히 오시는 거고, 동문들이 쫙 앉아 계시는 거에요. 위엄이 있으시죠. 소개도 일일이 다 드려야 하고, 그분들 존중해 드려야 되고, 고마운 마음도 표현을 또 해 드려야지.

교장은 무엇보다도 동문이나 지역 주민들과 학교가 협력하도록 하는 데 마음을 썼다. 부임하자마자 "라면하고 커피하고 한 박스씩 사서 각 마을 7, 8군데 경로당을 다니면서 어르신들한테 '새로 온 누구입니다' 인사를 하고, 그리고 라면도 심심할 때 끓여 드시라고 말씀드리고, 가을에는 귤 한 상자씩 이렇게, 마을과 학교가 상생하도록" 하기 위한 노력을 성심껏 해 왔다. 삼승면에 22개의 마을이 있는데, 이 중에서 학교 가까이에 있는 마을들과는 "아주 밀착된 생활을 하"고 있다.

교장의 전임지는 보은 읍내의 혁신학교였다. "보은 읍내의 20학급이 넘는 큰 초등학교에서 교감으로서 혁신학교를 5년 했던" 경험이 있다. 이 경험은 판동초의 내부 구성원들의 결속을 다지기 위한 교장의 노력으로 이어진다.

우선, 교장은 아이들의 자치활동에 큰 의미를 부여하며, 아이들이 대견하고 자랑스럽다. 전교생들의 자치기구인 다모임에서 "학교 전반적인 것에 대해서, 아이들이 의제를 내놓고, 안건을 내서 거기서 회의를" 한다는 것, 거기에서 합의된 것은 "아이들이 꼭 지킨다"는 것, "학생 자치회장으로 당선된 아이가 진행을 하고, 회의 규칙도 아이들이 의논해서 만들"었다는 것, 회의마다 「공동체 철학」을 다 같이 암송"한다는 것 등, 아이들이 자치활동에서 얼마나 성숙하게 행동하는지를 연구진에게 자세히 들려주며 아이들에 대한 자부심을 표현한다.

또한 아무런 보수도 없이 협동조합이나 학교의 행사에 적극적으로 도움을 주는 학부모들에게는 "그분들은 어차피 봉사로 하시지만, 그래도 제가 고마워서, 어떻게 해야 될까? 이런 고민을 많이" 하며 마음을 쓰다가, "금년도(코로나 시국)에는 등교하는 아이들에게 방역 활동을 해야"했고, "그 방역 지원 인력으로 학부모 두 분을 써"서, 충북교육청에서 시간당 1만 5천 원씩 보수를 받을 수 있도록 연결하기도 했다.

학교 교직원에 대해서도 마음을 쓴다. 교장은 "선생님들, 교직원들도 생일 때 매점쿠폰을 2만 원씩 제가 직원들한테 제 사비로 선물을" 하고 있다고 말한다.

교장으로서 학교와 마을을 연결하고, 학교 내부의 학생, 교사, 학부모들의 마음을 살피며 학교 일에 참여하도록 초대하는 역할을 하고 있는 것이다.

### 5) 동문과 지역 주민: 지속가능한 학교와 마을을 꿈꾸다

동문들은 학교에 대한 자부심이 강하다. 여전히 동문회가 활발하다. "외지로 나간 사람들도 1년에 한두 번씩 모여 가지고, 동문회를 개최할 때. 그리고 꼭 동문회가 아니어도 그들끼리도 모여서 나들이도 가고, 여행도 가"는데, "버스 두 대를 대절할 정도"로 많은 인원이 모인다(연구참여자 33).

동문들의 힘은 2011년 전국 최초의 기숙형 공립중학교인 속리산중학교를 개교할 때에도 발휘되었다. "속리산중학교를 이 지역으로 유치한 건, (중략) 이 지역에 학부모님들이 그냥 으쌰으쌰 해 가지고" 이루어진 일이다. 속리산중학교는 인근 중학교 세 곳을 통폐합한 것인데, 동문과 마을이 주축이 되어 움직였기 때문에 이 학교를 판동초 인근의 원남중학교 자리에 유치할 수 있었다는 설명이다. 속리산중학교 유치 이후 몇 년간 "전국에서 알려져서 여기(속리산중학교)가 애들이 엄청 많았"다. "우리 학교 졸업생이면 거기에 갈 수 있으니까, 여기에 가을이면 한꺼번에 20명, 30명이 와서 교실이 부족하도록 있다가 몇 달 있다가 중학교로 올라가"(연구참여자 33)는 일들이 벌어지기도 했다.[*]

속리산중학교 유치 경험으로 인해, 보은군 안에서 판동초는 주민과 동문들의 '기가 센' 학교로 알려졌다. 교장은 "소문이, 제가 읍내에 근무하면서 '판동 그 지역은 세,' 다들 그랬어요. 근데 와 보니까 실제 그렇"다고 말한다. 동문들은 결속력을 기초로 지금도 학교와 학생들을 적극 지원한다. 3월 2일 "입학식 겸 시업식 겸" 하면 동문들이 온다. "입학식에 쫙 와서 앉아 계"신다. 그뿐만 아니라, 동문회는 일찍이 학교 운동장에 천연 잔디를 깔았다. 지금 이 교장이 부임하고 나서도, 운동장에 도로를 내면서 양측에 서 있던 전나무를 베어야 했을 때 교장의 부탁이 떨어지기 무섭게 달려와 나무를 베고 베어 낸 나무들을 쪼개어 처리까지 말끔히 해 주는 후원자를 자처했다. 학교 일에 앞장서는 것이다.

제가 처음에 재작년에 왔을 때, 저 (운동장 둘레의) 인도를 그때서야 만든 거예

---

[*] 속리산중학교는 폐교 위기에 있던 원남중학교, 내북중학교, 속리중학교를 통폐합하여 전국 최초의 공립 기숙형 중학교로 문을 열었다. 2011년 개교 당시 "농산촌 학교의 새로운 대안적 모델로 주목받으며" 전국적 관심을 받았고, 개교 당시 97명이던 학생 수가 2014년에는 170명까지 증가하였다. 그러나 전국에 기숙형 중학교가 늘어나고, 동일 학구 내 초등학생 수가 줄어들면서, 2023년 현재 학생 수는 95명으로 줄었다. (김낙경, 2021)

요. (중략) 그 공사를 하는 과정에 전나무가 이렇게 기울어서 다 잎이 완전히 말랐더라고요. 그래서 동문회에 전화를 했어요. '이거 어떻게 하면 좋으냐? 동문님들도 좀 도와 달라'고 그랬더니, 그 나무 베는 사람, 저기 밧줄을 쫙 걸어 가지고 이렇게 전기톱으로 쓰러뜨리고. (중략) 쓰러진 나무는 전기톱으로 해부를 다 한 거예요. 그리곤 트럭이 와서 쫙 실어 가고. 제가 얘기한 지 2시간밖에 안 되는데, 얼마나 멋지게 나무가 해부가 됐나 몰라요.

동문회가 입학생과 졸업생 모두에게 20만 원씩 장학금을 제공하는 것도 특징적이다. "장학 기금이 동문회에 있어서 그걸 가지고" 졸업생에게는 이미 오래전부터 장학금을 주고 있다. 교장 부임 후, "'입학생한테도 장학금을 주고 싶다' 그랬더니 '얼마씩 몇 명한테 줘야 되냐?' 그래서, 얼마씩 달라고 제가 얘기하면 기꺼이" 준다(연구참여자 33). 학생 수가 많을 때는 성적으로 선별하여 장학금을 주기도 했지만, 지금은 학생 수가 줄어들면서 이것도 졸업생과 입학생 모두에게 주고 있다.

외지로 나가지 않고 평생 삼승면에서 살아가는 일부 동문들은 지역 주민으로서 학교운영위원이 되어 학교 대소사에 의결권을 행사한다. 현재의 운영위원장 역시 동문회장을 겸하고 있다. 그는 "판동초 운영위원장으로, 회의 그런 것 (참여하고), 군 교육위원회 같은 데 가면 판동초 사정도 알리고, 지역적으로 어떻게 돌아가나도 말한다. 농사를 지으면서 시간도 많이 뺏기지만, 그래도 내가 뭘 했다는 뿌듯한 그런 보람을 느낀"(연구참여자 39)다.

동문뿐 아니라 지역 주민들도 학교 일에 관심을 가진다. 지역의 기관장, 농협조합장, 연합회장, 방범대, 새마을회장 등이 모여서 지역 현안을 공유하고 해결 방법을 모색하는 면 협의회에는 교장이 참여하여 학교의 행사, 교육과정 및 학생 수의 변화 등을 상세히 공유한다. 면 협의회는 1~2개월에 한 번씩 빈번하게 열리고 있다.

지역 주민과 동문들이 이렇게 학교를 지원하는 것은 마을이 학교와 상생한다는 생각이 강하기 때문이다. 판동초는 개인 땅을 희사하여 설립된 마을의 공유지임을 주민들이 기억하고 있다. "옛날 김기봉 어르신이 땅을 희사한 거예요. 개인 땅을. 그분이 …… 땅을 희사했다는 걸 마을 주민들이 다 알고 있"(연구참여자 39)다. 게다가, "판동이 원래 판사가 8명이 나온다고 해서 팔판동, 판동이라고 했"(연구참여자 39)다는, 학교 이름에 얽힌 설화는 자신들의 자손이자 마을의 미래인 판동초 아이들에 대한 기대를 한껏 담고 있기도 하다.

　　특히 소멸위기에 직면한 농촌에서 학교가 갖는 의미는 남다르다. "학교가 사실 이 시골은(시골에서는) 중심적인 역할을" 한다. "학교 하나 없는 걸로 인해서 마을이 굉장히 주저앉고 힘이 없"(연구참여자 33)어진다. "일단 학교가 없으면 사람들이 안 들어온다. 이사를 안 오는 거지. 또 화합이 안 되잖아요. 동문들도 자꾸 모이고 그래야 하는데, 학교 없어졌는데 뭐 하러 하냐고, 관심 밖이라는 거예요."(연구참여자 39) 학교가 사라지면 동문 모임도, 지역 상권도, 마을 사람들의 유대감도 무너지는 수순임을 인식하고 있다.

> 학교가 있을 때는 주위에 식당도 있고 매점도 있고, 어떤 때는 문방구도 있고, 이렇게 계속 있었는데, 그런 것들이 다 사라지고 업종 자체가 다 사라지는 거죠. 주민들 삶의 질이 급격히 떨어진다고 저는 봐요. 그렇기 때문에 학교와 마을과 이런 것들이 전부 다 연계가 돼 있어야만, 학교가 있어야만 하는 거죠. (중략) ○○중학교, 거기가 폐교됨으로 인해서 거기 있던 상가들이 다 변했어요. 하나도 없고, 주민들 주택하고 농협 있고, 농협 창고 있고, 길가에 있던 매장들도 다 없어지고. (연구참여자 40)

### 6) 충북과 보은의 협동조합 조합원들: 협동조합과 교육의 연대를 꿈꾸다

팔판동협동조합 설립을 위한 준비 과정에서 지역의 협동조합 활동가들이 후견인으로 등장하였다. 강환욱 교사가 보은교육협동조합 햇살마루에서 만난 조합원들, 햇살마루의 목공 교육활동 중 만나게 된 아이쿱 활동가, 이 활동가를 통해 소개받은 아이쿱 청주지부 최종예 (전)이사장(이하 "최 이사장")이 그들이다. 이들은 강 교사와의 인연을 기초로 판동초의 협동조합 매점이 기틀을 잡는 데 물심양면으로 든든한 후원자가 되어 주었다.

최 이사장은 "판동초의 전교생, 학부모, 교사를 괴산아이쿱으로 초청해 피자 만들기 체험을 시켜 주기"도 하고, 아이쿱 상품 시식단으로 판동초 아이들과 학부모를 초대하여 관계를 돈독히 하였다. 판동초 매점에 초대받아 친환경 먹거리와 환경문제에 대한 강연도 여러 번 하였다. 최 이사장은 판동초의 매점이 "협동조합이라는 조직에서 조합원들 힘으로 만든 곳"이라는 점에 큰 의미를 부여한다. 그리고 "조합원들 힘이 약하지만 여럿이 모이면 큰 힘을 낼 수 있다는 걸 보여 주고 싶어서, 학생들이랑 부모님들이랑 선생님들이 보시게" 하기 위해서 팔판동협동조합 매점에 아낌없는 지원을 하고 있다. 협동조합이 추구하는 협동과 연대의 가치를 살려 지역과 학교가 연대하기를 꿈꾸는 것이다.


### 3. 크고 작은 제도들: 공유자들이 모이고 연결하고 결합하는 장

### 1) 다모임: 아이들의 목소리를 가시화하는 전교생 자치회

자기 목소리를 내기 어려운 초등학생들이 안전하게 목소리를 낼 수 있는 체계가 학교 안에 있다. 바로 전교생의 자치기구인 '다모임'이다. 1학년 아이들도 2학기부터는 다모임의 정식 회원으로 참여한다. 다모임은 주 1회 열린다. 교장은 "아이들이 1년 동안 한 일 중에서 정말 모든 걸 다 칭찬하고 싶지만, 가장 칭찬하고 싶은 건 자치회 활동"이라고 말한다. 교장의 설명에 따르면, 다모임에서는 "1학년부터 6학년까지 강당에 동그랗게 모여 앉고", 회의 진행은 "학생 자치회장이 한"다. "회장은 학생회장으로 당선됐다고, 당선증도 받는"다. 아이들이 "다 같이 회의 절차도 정한"다. "누군가 발언하기 전에 항상 인사 먼저, '얘들아 안녕' 이런 식으로 하자고 약속을 하고, 회장이 '바르게 앉아주세요.「공동체 철학」을 암송하겠습니다' 이러면 다 따라 한"다.* 안건을 논의하고, "마지막 5분은 단체 놀이로 마무리한"다. 학생자치기구로서의 면모를 갖춘 것이다. 이를 자랑스럽게 여기는 교장은 녹화해 둔 다모임 장면을 연구자들에게 보여 주었다.

회의 안건은 교장이나 선생님들, 아이들이 모두 낼 수 있다. "학교 전반적인 것을 의제로 내요. '저기 방방장이 있는데, 거기 쓰레기가 생긴다. 어떻게 하면 좋으냐.' '애들 몇 명씩 올라가서 방방이를 타고 몇 분 만에 교대를 하자.' '매점에서 애들이 너무 떠든다. 어떻게 하면 좋으냐.' 이렇게."(연구참여자 33) 아이들은 다모임에서 이야기하여 자기들 나름의 생활 규칙도 정한다. 매점 이용에 대한 규칙도 당연히 다루어진다. 교장은 "회의에서 결정된 건 아이들이 꼭 지킨다"는 아이들이 대견한다.

아이들은 다모임을 통해 원하는 것을 할 수 있다는 효능감을 알고 있다. 6학년 한 학생(연구참여자 31)은 "저희가 금요일, 월요일마다 다모임

---

* 판동초 아이들이 암송하는「공동체 철학」은 다음과 같다. "내 몸은 비록 작지만 내 생각과 상상은 그렇지 않습니다. 나는 다른 사람을 배려하며 즐겁게 생활합니다. 내가 우리 학교의 당당한 주인이 되려면 잘 듣고 잘 이야기할 수 있어야 합니다. 그래야 나와 학교가 성장할 수 있습니다. 규칙을 숙지합시다. 따라 해 주세요. 첫째, 잘 들읍시다. 둘째, 속에 담아 두지 말고 용기 있게 말합시다. 틀린 것이 아니라 다른 것입니다. 존중합시다." (연구참여자 33 인터뷰에서 발췌)

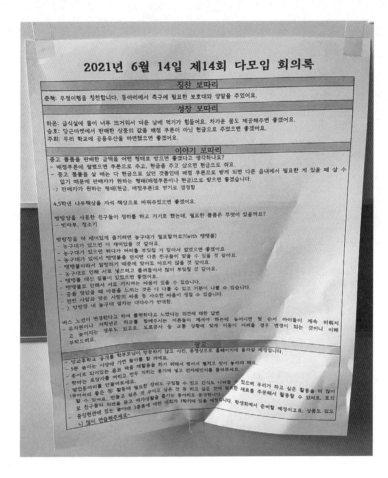

다모임은 전교생이 함께하는 자치기구이다. 여기에서는 매점뿐 아니라 학교 전체의 관심사를 자유롭게 논의한다. (사진: 한인정)

을 해요. 전교 자치회를 하는데, 그때 2년 전인가 다모임에서 매점 만들면 좋겠다고 해서, 그래서 선생님이 찾아보니깐 충북교육청에서 뭘 만들면 지원해 준다고 해서"라며 매점 만드는 과정도 다모임을 통해 시작되었다고 설명한다. 또 다른 학생(연구참여자 29)은 "학교에 휴게실을 만들자는 의견이 나와서 만든 거"라고 거든다.

## 2) 보은의 협동조합들: 아이들을 중심에 두는 지역 교육 연결망

보은교육협동조합 햇살마루를 통해 강환욱 교사는 협동조합 활동을 경험하고 판동초에 접목할 수 있었다. 강 교사가 이사하기 전부터 보은에는 지역사회에 관심을 가지고 교육활동을 이어 온 주민들이 있었다. 이들은 교육이 단지 지식을 전달하는 것이 아니라 지역 안에서 더불어 살아가는 것을 가르쳐야 한다고 본다. 교육과 관련된 정책이나 의제를 개발하여 교육청, 지자체, 의회 등에 제안하고 정책화하려고 노력해 왔다. 2016년 보은군과 의회를 설득하여 행복교육지구[*] 협약을 끌어냈고, 관련 사업을 직접 운영하기 위해 2018년 11월 보은교육협동조합 햇살마루[**]의 창립총회를 열었다. 햇살마루는 충북문화재단으로부터 사업비 지원을 받아 지역의 어린이들을 위한 목공 수업과 방과후돌봄교실을 운영한다.

2018년, 1년의 연구년을 맞은 강환욱 교사는 햇살마루의 발기인으로 참여하였다. 현재도 사외이사를 맡고 있다. 햇살마루의 경험으로 강 교사는 더욱 성장했다. 협동조합은 지역 아이들의 필요에 맞는 사업을 찾아서

---

[*] "행복교육지구"는 충북교육청의 특색사업으로, 교육청과 지자체가 50:50으로 예산을 매칭하였다. 지역특색에 맞는 교육 사업을 개발해 지역 전체의 교육역량을 높이고 정주여건을 강화하고자 한 사업이다. 학교교육을 마을과 별개로 보지 않고, 학교와 마을의 연계를 활성화할 것을 강조하였다. 학교 안으로 지역의 교육역량을 들여오고, 학교교육과정에 마을교육을 넣는 등 교육과 지역이 상생 발전하도록 한다는 세부 계획을 가지고 있다 (충북행복교육지구, 2017).

[**] 햇살마루는 비영리법인이 운영하는 일반협동조합이다. 이후 설립된 판동초의 협동조합 매점(팔판동협동조합)은 충북교육청이 설립을 지원한 사회적협동조합이다.

할 수 있는 도구가 되었다. 강 교사는 "햇살마루 이름으로 충북문화재단에 공모를 내서 사업비를 한 2천만 원 받아 와서, 원하는 학교에 주말에 찾아가서 아이들과 목공 교실을 열었"다. 목공 교실만 "1년에 한 스무 번 정도 토요일에 수업을" 할 정도로 열심이었다. 또한 "돌봄교실은 읍내 초등학생 중에 돌봄교실이 꽉 차 가지고 못 들어가는 초등학생들이 있다더라 해서 시작을" 한 것이다. "돌봄 사각지대에 있는 애들을 찾아 가지고 시작했던 사업인데, 그때 애들이 이젠 많이 컸"다.

지역 내 협동조합들은 마을 문제에 관심이 있는 주민들을 서로 연결하는 플랫폼이다. "목공 교실에 참여하는 한 학부모가 자연드림 활동가였고, 그 활동가와 학교 얘기를 하다가 '저희 학교에 자연드림 매점 있어요' 하니까 (중략) 그 얘기를 자연드림 청주생협 이사장님한테 한 거예요. 거기 이사장님이 한번 가 보고 싶다 그래서"(연구참여자 32) 최 이사장이 판동초를 알게 된 것이다. 협동조합을 중심으로 비슷한 관심사와 지향을 가진 개인들이 모인다. 교육 및 생태환경 협동조합들 사이에 서로 연결이 되면서, 같이할 수 있는 새로운 활동을 찾아 나간다. 충북교육청에서 학교협동조합 지원사업을 공모했을 때, 이미 마을에서 비영리 교육협동조합 활동을 경험한 강 교사는 이를 모티브로 하여 판동초 아이들의 매점에 대한 요구를 협동조합 방식과 재빨리 연결할 수 있었다.

### 3) 충북교육청의 학교협동조합 지원제도: 판동초 팔판동협동조합 설립을 촉발하다

충북교육청의 학교협동조합 지원사업은 제17대 교육감의 공약인 "민주시민교육 강화"의 일환으로, 2019년부터 본격 추진되었다. "학생자치활동 활성화", "학교 안 사회적경제교육 활성화", "학교협동조합 협력적인 지원체제 구축"이 추진전략이다. 특히 "학교협동조합 지원센터"가

학교협동조합의 설립과 조합 간 네트워크를 지원하고 학생 주도의 학교 협동조합 운영을 지원하는 등 세부 사업들을 시행한다(충청북도교육청, 2019). 학교협동조합의 설립과 성과 관리를 담당하는 교육청 내부 조직으로 학교협동조합지원센터를 두고, 행복교육지구사업과의 연계를 통해 지역과 협력하면서 학교협동조합을 지원하려는 계획으로 보인다.

　이 사업은 판동초의 새로운 공유지를 꿈꾸고 있던 강환욱 교사를 움직였다. "학교에 매점이 있으면 애들이 참 재밌을 것 같고, 애들도 배고플 텐데, 그리고 이왕 협동조합이면 애들도 거기 운영에 참여할 수 있고 그러면 재밌겠다 했는데, 그 공문을 보고 한번 시도를 해 볼까?" 생각하게 되었다. 현재의 교장이 부임하기 직전, 강 교사는 "(전임) 교장선생님이 학부모 4명을 저한테 소개시켜 주"었고, "그 학부모님 4명을 만나서 '우리 이거 합시다' 라고 해서" 협동조합 발기인을 구성했다. 의외로 응모한 학교가 많지 않았다. 판동초는 2019년 사회적경제동아리 중점학교로 선정되어 3천만 원의 지원금을 확보했고, 빈 교실을 매점으로 꾸밀 수 있었다. 발기인으로 참여했던 학부모들은 학부모 이사가 되어, 교실을 매점으로 리모델링하는 데 발 벗고 나서 주었다. 한 학부모(연구참여자 35)는 "저희가 페인트칠부터 했으니까, 저는 좀 꼼꼼한 성격이라서, 어떻게 예쁘게 하고, 각을 맞춰야 하나, 막 신경을 쓰고"라고 당시를 회상한다. 또 다른 학부모(연구참여자 37)는 "그런 일을 같이 꾸미고, '작당 모의' 도 하고. 초창기에 매점 꾸밀 때 같이 가서 벽에 페인트칠도 하고 그런 거 했으니까"(연구참여자 37) 학부모 이사들과 강 교사가 깊은 신뢰감을 쌓을 수 있었다고 설명한다.

　협동조합 방식은 공유자들이 참여, 신뢰, 연대를 쌓아갈 수 있는 적절한 그릇이 되어 주었다. 교육청의 학교협동조합 지원사업은 판동초가 매점이라는 새로운 공유지를 만들어 나갈 수 있도록 방아쇠 역할을 해 준 셈이다.

## 4. '우리'의 협동조합- 관계에 기초하여 만들어 가는 새로운 공유지

사회적협동조합 방식의 매점은 공유자들의 '관계 맺음'으로 시작할 수 있었다. 강환욱 교사와 지역 협동조합들의 관계 맺음, 강 교사와 아이들의 관계 맺음, 강 교사와 학부모 이사들의 관계 맺음이 없었다면, 강 교사는 공모에 응하지도 못했을 것이다. 그러나 공모에 선정된 것은 그야말로 시작에 불과했다. 학교 안에 협동조합이라는 새로운 조직이 만들어지니, 더 많은 관계 맺음과 절차, 규칙들이 만들어져야 했다. 행정적으로는 학교와 조합 간의 공식적인 관계 정립도 필요하게 되었다. 매점 운영을 위해서는 공유자들 사이의 역할 분담도 필요했다. 막상 매점이 생기고 나니, 이런저런 갈등 요소들이 제기되기도 하였다. 새로운 공유지를 유지하려면 끊임없는 공유화 과정이 이어져야 했다.

아이들에게 "자기 손으로 사 먹을 수 있는 기회를 제공하고 싶었"(연구참여자 37)던 학부모 이사들은 강 교사의 협동조합 매점 설립 제안을 흔쾌히 받아들였지만, 막상 일을 시작하고 보니 "어휴, 이걸 왜 했을까, 다들, 괜히 했다"(연구참여자 37)는 생각이 들었다고 했다.

> (왜요, 힘들어서요?) 힘든 것보다 모르는 게 많은 거예요. 협동조합 하는 컨설팅도 몇 번 왔어요. 근데 다들 우리는 들으면서 '이게 무슨 소리지? 어떻게 하라는 거지?' 뭘 해야 되고, 뭘 해야 되고, 그런 순서가, 설립돼야 할 때 처음부터 마지막까지 순서가 되게 많더라고요. 컨설팅도 한 번 하는 게 아니라 몇 번 왔는데도 들어도 모르겠고, 그래서 과연 이걸 잘할 수 있는 건가, 그때는 좀 막막했는데, 믿는 건 선생님뿐이었어요. (연구참여자 37)

조합의 설립과 운영은 생각보다 복잡하고 어려웠다. 학부모에서 조합 이사로 변신하기 위해 상당한 노력이 필요했다. 이 과정에서 강 교사는 힘이 되어 주었고, 학부모 이사들과 강 교사의 연대는 더 강해졌다. 학부모 이사진은 4~5명으로 구성하였다. 처음 조합을 만들 때 발기인으로 참여했던 4명의 학부모가 이사진을 구성하여 현재까지 활동한다. 다만, 그중 "한 분은 아이가 졸업을 하면서 이사에서 빠졌고, 그 후에 한 분이 들어왔"(연구참여자 37)다. 이사가 되길 "희망하는 사람은 얼마든지. 시간이 허락하시는 분들은 다 돼요. 시골이 다 농사짓고 뭐 하고, 뭐 하고 하니까 바쁘세요. 마음이 있어도 못 오시는 분들이 많아요. 그런 와중에 내가 어떻게든 시간을 내서 할 수 있다, 하시는 분들이 구성이 되는 거"고, "언제든지 환영"(연구참여자 37)이다.

팔판동사회적협동조합은 판동초 안에 만들어진 또 하나의 공유지다. 학교와의 관계도 정립해야 했다. 학교 구성원들, 즉 교사, 학부모, 학생들이 조합원으로 가입하는지는 완전히 개인의 선택이다. 조합원이 아니어도 매점은 똑같이 이용할 수 있다. 그러나 교사들은 대부분 조합원으로 가입했다. 행정적으로 조합은 학교에 세 들어 있는 별개의 조직이다. 회계 처리도 별개로 한다. 전기 요금 등을 포함하여 연 100만 원 정도의 임대료를 학교에 낸다. 세무 용역비도 필요하고, 조합의 행사로 현장 탐방을 다니는 비용도 든다. 일상적으로는 매점에서 판매할 물품을 매입해야 하고, 학생 복지 차원에서 행사 선물도 사야 한다. 매점으로 들어오는 수입의 가장 큰 부분은 충북교육청이 학교협동조합에 제공하는 연 6~700만 원 정도의 지원금이다. 매점의 판매 수익금은 월 10만 원 정도에 불과하다. 정리하면, 협동조합 매점은 충북교육청의 지원금과 약간의 매점 수익금을 가지고 학교에 임대료를 내고 매점에서 판매할 물건을 매입한다.

매점이 생기고 나서 제일 중요하게 제기된 이슈는 역시 아이들에 대한 것이었다. 매점에서 판매하는 간식거리가 아이들에게 해롭지 않은 바른 먹거리인지, 아이들의 식습관을 해치지 않을지 걱정이 컸다. 한 학부모(연구참여자 36)는 매점이 생겼다는 소식을 처음 접했을 때, "솔직하게 첫 번째는 밥을 안 먹겠구나, 매점 때문에"라는 생각이 제일 먼저 들었다. "간식이 굳이, 안 먹어도 되는 음식이라고 약간 생각하는 부분이 없지 않아 있으니까" 매점이 생긴 게 좋기만 하진 않았다. 학부모 이사도 "아이들이 뭘 자유롭게 사 먹는 건 좋은데, 그 시간이 일정치 않으면 급식도 안 먹을 것이다, 돈도 허투루 쓸 것이다, 누구는 용돈을 못 받기 때문에 차별 있을 것이다, 그런 우려가 있었"(연구참여자 37)다고 말한다.

바른 먹거리인지에 대한 걱정은 지역의 생협을 통해 유기농 간식을 유통함으로써 해결하였다. 유기농 간식은 상대적으로 단가가 비싸다. 이에 대해 강 교사는 "학교 매점에서 누군가 돈 벌어 가는 거는 애초부터 생각하지 않았"다고 말한다. 대부분의 학교 매점들은 업자가 영리를 목적으로 운영하는데, 그러다 보니 "질 낮은 식품들"을 들여놓게 된다. 판동초의 매점은 사회적협동조합이어서 이윤을 생각하지 않고 아이들에게 좋은 먹거리를 공급할 수 있다. 학부모들이 이사로 활동하고 있으니, 아이들 건강을 우선으로 생각하는 것은 당연했다.

간식 때문에 식습관을 해친다는 걱정은 학부모 이사들이 "학교 급식 선생님하고 같이 이야기해서 (간식 먹는) 시간을 조율"함으로써 해결하였다. 판동초는 2교시 후 쉬는 시간을 '중간놀이' 시간으로 정해서 25분 쉰다. 다른 쉬는 시간은 5분씩이다. 매점은 "오전에는 중간놀이 시간에만 열고"(연구참여자 32), 점심시간과 방과 후 시간에 이용할 수 있다. 그런데 "만약에 2교시 끝나고 사 먹으면 점심시간에 아이들이 밥을 안 먹는다 그래서, 한번 이렇게도 해 보고, 저렇게도 해 보고, 그래서 시간도 조율"(연구참여자 37)하게 되었다. "나름 학교 매점 규칙이 다 있어 가지고. '점심시간 전에는 사도 먹을 수 없다', 이런 규칙을 만들기도 했"다. "아무튼 매점이 생기고 나서는 차츰차츰 뭔가 다 규칙이 생기는"(연구참여자 36) 과정이 진행되었다.

협동조합을 함께 일군 공유자들 사이에 역할도 분담하게 되었다. 강

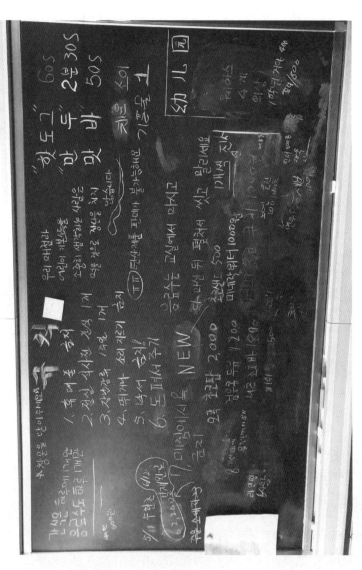

매점은 빈 교실 하나를 쓴다. 매점 정면에 걸린 칠판은 의사소통의 창구다. 매점 이용 규칙, 냉동식품 이용 방법, 재활용품 처리 방법을 공유하고, 매니저들에 대한 고마운 마음도 때때로 표현한다. (사진: 강현욱)

교사는 학교와의 행정 업무를 맡고, 가끔 매점 계산대가 비어 있는데 어린이 '손님'이 오면 계산원 역할을 하기도 한다. 학부모 이사들은 협동조합 컨설팅 교육을 받고 매점 운영을 맡는다. 아이들의 일상을 살피면서 매점에서 아이들을 위해서 뭘 하면 좋겠는지 구상하고 이야기한다. 청주에 나가서 상품을 매입해 오는 일도 마다하지 않는다. 주로 수업이 끝날 무렵 학교에 와서 방과 후 시간의 계산대를 맡는다. 학부모들이 "협동조합의 이사로 참여를 해서 많이 도와주는 것"도 "다른 학교에서는 없는" (연구참여자 34) 협동조합 매점의 강점이다. 한 교사(연구참여자 34)는 "매점 때문에 학교에 학부모들이 계속 오면서 학교를 계속 보시니까, 눈에 띄는 일들도 있고, 듣는 일들도 있게 되"니, "아주 적극적으로 학교 일을 도와주시는 점이 좋"다고 설명한다.

학생들도 매점 운영에 참여한다. 4, 5, 6학년 중 원하는 사람은 '매니저'가 된다. 강 교사는 도교육청의 지원사업에 공모할 때부터 "이왕 협동조합이면 애들도 거기 운영에 참여할 수 있고 그러면 재밌겠다"고 생각했다. 학교의 다른 교사(연구참여자 34)는 매점이 경제 교육의 장이라고 하며, "매니저로 활동하는 것이 애들에게 좋은 경험"이 될 것이라고 말한다. 매니저는 중간놀이 시간에 "매점 문 열고, '포스기' 찍어서 계산해 주고, 문 닫고 나오고, 설거지 안 하는 친구들 있으면 설거지하라고 잔소리해 주"는 역할을 맡는다. "포스기 찍는 건 쉽지만, 정신이 없죠. 어떤 날은 막 애들이 줄을 서 있으면 빨리빨리 잔돈을 바꿔서 줘야 하"(연구참여자 32)니, 매니저들도 애를 많이 써야 한다. 그러나 매니저를 해 보고 싶다는 희망자는 많다. 현재 학생 매니저는 9명이고, 2명씩 짝을 지어 중간놀이 시간의 계산대를 지킨다. 한 명은 포스기를 찍고, 다른 한 명은 줄 서 있는 아이들을 정리하는 역할을 맡는다.

강환욱 교사는 매니저를 '선발'하는 일은 없고, "희망자는 다 한다"고 설명한다. 매니저가 많으면 개인당 일하는 시간을 줄이면 된다. 강 교

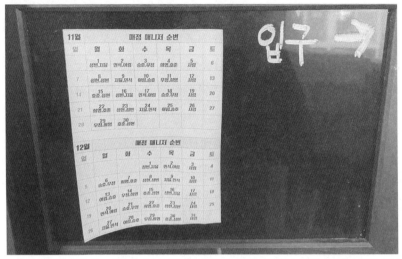

고학년 중에서 희망자는 매점 매니저로 일한다. 하루 두 명씩 배치하여 원하는 사람은 모두 참여할 수 있도록 하고, 순번표를 매점 입구에 걸어 둔다. (사진: 한인정)

사는 오히려 매니저는 "많아야 한"다고 본다. "매니저 애들도 점심시간, 쉬는 시간에 놀아야 된"다고 여기기 때문이다. "너무 자주 하면 못 노니까. 한 명당 한 달에 한 세 번 정도 돌아오는 건 부담이 안 되"니 그 정도로 아이들이 참여하도록 조정하고 싶은 것이다. 작은 결정 하나하나에도 세심하게 교육관을 반영한다. 하루하루 중간놀이 시간 담당 매니저가 누구인지를 달력에 표시해서 매점 문에 붙여 놓는데, "(매니저) 애들도 막 까먹고 그"런다. "그래서 다른 애들이 (매니저를) 찾으러 다니는" 우스운 광경도 벌어진다.

매니저에게는 한 달에 매점쿠폰 2장(2천 원)을 '월급'으로 지급한다. "나름 챙겨 주는 이미지를 만들려고, 그래서 치킨도 사 주고, 매니저들 회식이라고 고기도 구워 주고, 월급 주고. 그런 거가 있으니까 어린 친구들은 자기 언제 매니저 할 수 있냐 묻고. 그런 이미지를 만들어 놓으려고 한"(연구참여자 32)다. 인터뷰에 참여한 한 학생 매니저(연구참여자 27)는 "매점쿠폰 2장(2천 원)을 월급으로 받고, 한 달에 한 번 치킨 같은 거로 회식을" 한다고 자랑한다. 강 교사는 '회식'이 "직원 복지" 차원에서 제공하는 것이라고 했지만, 학생 매니저는 "회식을 매니저만 하면 좀 그러니까 그냥 다 같이 먹는 거"(연구참여자 27)라고 말한다. '직원 회식'이 '직원'이 아니어도 오고 싶은 아이들은 다 와서 같이 먹는 전체 회식이 되는 것이다.

팔판동협동조합의 초대 이사장이었던 연구참여자 37은 "협동조합은 정말 아이들의 공간"이라고 말한다. 그는 매점 이사로 참여하다 보니 다른 학교 일들에도 참여하게 되었다. 학교운영위원회 참여 경험과 비교하여 협동조합의 의미를 이렇게 설명한다.

예를 들면 운영위원회는 학교 전반적인 거잖아요. 어떤 금액이 나오고, 그리고 학교에 대한 개선 사항이 나오고, 학교 동문이신 분도 나오시고 하다 보니까 학교에 대한 이야기를 하는 거고요. 협동조합은 정말 아이들의 공간이에요. 아이들 방앗간이다 보니까, 아이들 초점에 맞춘 그런 이야기를 하다 보니까 더 이야기가 많죠. (중략) 정말 사소한 일들, 어떤 아이가 있는데 어땠다, 어떻게 하면 좋을까, 그런 이야기도 나오고. 협동조합은 수다의 공간이라고 보시면 될 거 같아요. (연구참여자 37)

협동조합 매점은 "누구든 오면 환영인 곳"(연구참여자 37)이다. 조합 가입이나 매점 이용은 누구라도 할 수 있지만, 학부모 이사는 아이가 졸업하면 직을 내놓아야 한다. 아이들 숫자는 점점 줄어들고 있다. 그러니, 매점은 함께 활동할 학부모를 귀하게 여길 수밖에 없다. 이사로 참여하기를 원하는 사람은 모두 받아서 "일단 줄 세워 놓는 거죠. 한 명 빠져나가면 바로 여기에 들어올 수 있게. 그런데 지금 아이들도 줄어드는 상황이니까 마음이 타는 거죠. 애가 타죠. 누구도 조합원이 될 수 있어요. 그리고 여기 졸업했다고 해서 탈퇴하는 게 아니라 본인 의사만 있으면 굳이 탈퇴하지 않아도 되는"(연구참여자 37) 곳으로 운영하고 있다. 실제로 아이가 졸업했는데도 조합원으로 남아 있는 학부모도 있고, 인근 중학교에 진학한 아이들도 가끔 매점에 와서 놀다 가곤 한다.

* * *

팔판동협동조합은 판동초라는 오래된 학교를 공유지로 인식한 공유자들이 마음을 모아 설립하고 그 안에서 공식적, 비공식적 관계를 형성하며 일구어 낸 공유화 과정의 결과물이자 내포된nested 공유지이다. 조합을 설립하고 나서는 오래된 공유지와 새로운 공유지의 관계를 어떻게 설정할지, 공유자들이 어떻게 조합 운영에 참여하여 저마다의 역할을 담당할지, 매점 운영이 아이들의 양육과 교육에 어떻게 긍정적인 요소로 작용하도록 할지 계속 논의하고 결정하는 공유화 과정이 이어졌다. 이 과정은 모두 공유자들의 소통과 의사결정 참여로 이루어졌고, 이는 다시 공유자들의 관계를 강화하는 과정이기도 했다.

팔판동협동조합은 이런 공유화를 통해 그 나름의 정체성을 형성해 갔다. 학교협동조합이라는 일반적인 제도가 아니라 판동초에 꼭 맞는 규칙과 관계를 포함하는 '우리'의 협동조합으로 변환하는 과정이 진행된 것이다. 이는 판동초라는 오래된 공동체를 다시 생동하게 하는 계기이기도 했다.

# 제5장
# 두 번째 공유화 – 판동초 어린이 기본소득

    학교협동조합을 설립하고 매점에 물건을 들이면 공유자들이 꿈꿨던 공유지가 펼쳐질 것이라고 기대했다. 그러나 매점은 기대를 온전히 채우지는 못했다.

    예상하지 못했던 문제에 직면했다. 이상하게 아이들은 많이 오지 않았다. 오더라도 늘 오는 아이들만 왔다. 매점이 한산했다. 강환욱 교사와 학부모 이사들은 그 이유를 면밀하게 살폈다. 강 교사는 또다시 다모임에서 아이들에게 그 이유를 묻고 아이들의 이야기를 경청했다. 학부모 이사들은 매점에 오는 아이들을 돌보고 관찰하며 이유를 탐색했다. 집에서 용돈을 받는 아이들이 많지 않다는 것을 알게 되었다. 모든 아이가 가고 싶어 했을 만한 공간이지만, 정말 갈 수 있는 아이들은 집에서 용돈을 받는 아이들로 제한되는 사태가 벌어진 것이다.

    매점을 만든 공유자들은 '오고 싶은 아이들 모두'가 아니라 '올 수 있는 아이들만' 오는 상황을 문제로 인식했다. 기본소득에 대해서 이미 알고 있었던 강환욱 교사는 어린이 기본소득이 이 문제를 타개할 방법이라고 생각했다. 그러나 기본소득 재원을 학교 예산으로 마련하는 것부터 쉽지 않았다.

공유자들은 왜 기본소득을 생각하게 되었을까? 팔판동협동조합에서 어린이 기본소득을 도입하기까지 어떤 일들이 있었을까?

## 1. 새로운 공유지에서 나타나는 새로운 문제: 못 오는 아이는 계속 못 온다

공유자들의 노력으로 학교 매점이 문을 열었지만, 매점에 오는 아이들의 수는 많지 않았고 늘 오는 아이들만 온다는 문제에 부딪혔다. 매점이란 어차피 돈과 물건을 맞바꾸는 장소이니 돈이 없는 사람이 오지 않는 것을 당연하다고 생각할 수도 있었을 것이다. 그러나 공유자들은 "(매점에) 가는 애들은 가고, 안 가는 애들은…… 안 가는 애들이 아니라 못 가는 애들"(연구참여자 34)이라는 점에 주목했다. 매점을 몇몇 아이들만 이용하게 된 것은 "부모님이 주시는 용돈 가지고 편하게 사 먹을 수 있는 애들은 많지 않았"(연구참여자 34)기 때문이고, 이는 다시 공유자들이 해결해야 하는 문제로 떠올랐다.

어른들은 전혀 의도하지도 예상하지도 못했지만, 매점을 통해서 아이들 사이의 차이가 드러나고 말았다. 늘 얻어먹는 아이와 사 주는 아이로 나뉘었다. 어른들 눈에는 용돈이 없어 간식을 못 사 먹는 아이들이 마음에 품을 수밖에 없는 아쉬움이 보였다. 어른들은 아이들에게도 '공유지'가 될 줄 알았던 매점이 오히려 아이들 사이의 차이를 드러내고 은연중에 마음을 다치는 장소가 되어 버릴까 봐 걱정하게 되었다.

친구들끼리도 사 주고. 근데 다 돈이 있어서 돌아가면서 사 주는 게 아니라, 난 없으니까, (친구가) 사 줄 때 그 아이의 감정이 어떨까? 그게 어쩌면 상처가 되지 않을까? 이 매점으로 인해서 아이가 상처를 받으면 안 되겠다는 생각을 했던 거죠.

매점으로 인해 가정 내에는 용돈을 둘러싼 갈등이 불거지기도 했다. 한 학부모는 교장실로 찾아와서 "매점을 왜 만들어서 신경 쓰이게 하느냐?"(연구참여자 33)고 항의하기도 했다. 5학년인 자녀가 매점에 가기 위해 용돈을 달라고 했기 때문이다. 학부모들 입장에서, 매점이 생기기 전에는 사실 용돈을 줄 이유가 딱히 없었다. 수업에 필요한 준비물은 학교에서 다 주었고, 간식은 엄마가 챙겨 주면 되었다. 어떤 학부모는 매점 때문에 "처음으로 용돈을 주게" 되었고, "남 먹는 걸 보고 와서 얘기를 하면, 그게 몸에 썩 좋은 것도 아니겠지만, 속상한 면이 없잖아 있었"(연구참여자 36)다. 먹고 싶은 걸 못 먹고 온 아이가 안쓰러웠다.

교장은 학부모들의 불만을 듣고 걱정이 생겼다. 매점에서 파는 간식을 질 좋은 것으로 하려다 보니 과자 하나도 가격이 제법 비쌌다. 이 때문에 매점 물건을 구입하기 위한 돈이 "엄마들의 주머니에서 나오려면 부담을 가질 수도" 있겠다는 생각이 들었다. "애들끼리 차별화된 이런 생활, 또 소외되는 아이들이 생기는 것과 같은 문제점"이 보였다. 어떻게 해결해야 할지 방법이 쉬이 떠오르지 않았다. "내가 내 돈을 맨날 줄 수 있는 것도 아니고, 학부모님들한테 '용돈을 많이 주세요'라고 할 수도 없"는 노릇이었다.

판판동협동조합의 학부모 이사들도 이런 현실에 대해 그들 나름의 방법을 찾고 싶었다. "용돈을 쓰는 애들만 쓰"는 게 보였는데, "(우리 학교에는) 할머니, 할아버지 집에 있는 아이들도 있는데, 할머니 입장에서 천 원이면 큰돈"임을 익히 알고 있지만, 매점에서 "천 원이면 과자 하나 못 사 먹는"(연구참여자 35) 돈이기도 했다. 이를 해결하기 위해 학부모들은 머리를 짜냈다. "저희(학부모 이사들) 세 명이 매점에 있으면서 별별 짓을 다했"다. "핫케이크도 만들어 보고, 오뎅도 만들어 보고, 와서 그냥 먹으라고 해 보고. 정말 별짓을 다"했다(연구참여자 35). 용돈이 없는 아이들도 매점에 편한 마음으로 와서 간식을 먹고 가게 하고 싶었기 때문이다. 그 "별짓" 중에는 '100원 이벤트'도 있었다. 학부모 이사들이 음식을 만들어 놓고 100원만 내면 무한으로 먹을 수 있는 이벤트를 벌인 것이다. 그런데도 안 오는 아이들은 여전히 오지 않았다. 이에 대해 연구참여자 35는 "근데도 안 오는 애들은 눈치 보여서 안 오더라고요"라고 회상한다. 아이들이 스스럼없이 드나들며 즐기는 공간이 되기를 바랐지만, 아무 이유 없이 와서 먹으라고 하는 것은 아이들에게도 어색한 일이고 오히려 아이들을 눈치 보게 만드는 일이었다.

매점을 통해 아이들 간의 격차가 드러남을 알게 되면서 강환욱 교사도 당황하였다. "아무 생각이 없었"다. "다 잘 이용할 줄 알았으니까. 그런데 하다 보니까, 오는 애들만 오니까" 이상하다는 생각이 들었다. 새로운 과제에 직면하였다. 공동체가 함께 일군 매점 공유지가 몇몇 아이들만 이용하는 협애한 공간이 되어 버리게 해서는 안 되었다. 매점을 정말 '모두의 공유지'로 만들 방법을 찾아야 했다.


## 2. 모두가 올 수 있는 공유지를 만들기 위한 노력: 어린이 기본소득의 도입

강환욱 교사는 새로 만든 매점 공유지를 '모두의 공유지'로 지키는 데에 기본소득이 좋은 방법이 될 수 있겠다고 생각했다. 그러나 뭐든 혼자서 할 수 있는 것은 아니다. 기본소득을 실제 도입하기까지는 역시 공유자들의 소통과 공감과 연대의 과정이 필요하였다. 아이들이 매점에 오지 못하는 이유를 깊이 있고 섬세하게 이해하려는 공유자들의 노력, 협동조합을 매개로 지역사회와 맺었던 인연을 통해 확보한 기부금 100만 원, 그리고 공유자들의 신뢰에 기초한 결단의 과정이 있었다.

### 1) 아이들이 매점에 오지 못했던 여러 가지 이유

#### (1) 또다시 아이들에게 듣다: 강환욱 교사의 공유지 지키기

강 교사는 먼저 아이들의 의견을 들었다. 다모임은 다시 아이들의 목소리를 들을 수 있는 자리가 되어 주었다. 강 교사는 매점에 못 가는 이유를 묻는 것 자체가 아이들에게 마음의 상처를 줄까 봐 조심스러웠다. 그러나 아이들은 "용돈이 없어서"라고 거침없이 대답해 주었다. 아이들은 이미 다 알고 있는 듯했다. 내친김에 용돈 받는 아이들이 얼마나 되는지도 파악했다. 절반이 채 안 되었다.

> 그때 제가 뭐라고 질문했냐 하면, 매점을 잘 이용하는 사람들, 누가 잘 이용하는지? 음 …… 자기가 매점을 잘 이용한다고 생각하는 사람은 한번 손들어 보라고 했던 것 같아요. 그래서 그다음에 용돈을 받는 사람을 제가 물어봤던 것 같고. (중략) "왜 다수가 못 올까요?"라고 했더니 누가 "용돈이 없어요" 그래 가지고, "그럼 용돈 받는 사람 한번 손들어 볼까요?" 했던 것 같아요. 애들은 이미 알고 있었죠. 애들이 더 빨리 알고 있었겠죠. (연구참여자 32)

강 교사는 이미 "인터넷 뉴스 등을 통해 기본소득 논의를 접하"고 있었다. "기본소득이라는 단어를 먼저 알았는지 아니면 매점 문제를 생각한 다음에 기본소득을 찾아본 건지" 순서는 정확하지 않지만, "기본소득의 요건들 있잖아요, 그걸 보면서, 그래, 이대로 하면 딱이네!"라고 생각했다. 무조건성, 보편성, 개별성 등 기본소득이 가진 특성이 매점을 모든 아이들의 공유지로 만드는 데에 주효할 것이라 확신했다.

(2) "생활 선생님"이 되어 아이들을 살피다: 학부모 이사들의 공유지 지키기

　　기본소득 도입에 대한 아이디어를 처음 낸 사람 역시 강 교사였다. 그러나 학부모 이사들이 매점을 통해 아이들과 맺게 된 관계와 아이들에 대한 세심한 관찰이 없었다면, 강 교사의 구상은 실현되지 못했을 수도 있다.

　　오후에 매점에 많이 와 있는 이사들은 아이들과 자연스럽게 친해지고, "생활 선생님처럼 아이들을 다 보게 되"었다. "아이가 기분이 안 좋아 보여서 물으면 '어제도 아빠한테 맞았어요'라고" 말하기도 했다. 아이들이 "부모와는 대화가 없을 수도 있는데, 매점에 와서 저희(학부모 이사)한테 얘기를 하"(연구참여자 35)는 것이다. 학교에서 매일 벌어지는 이런저런 일들도 보고 들어 알게 되었다. 때로는 다른 학부모들에게 아이의 학교생활을 귀띔해 주기도 하였다. "'선생님한테 고맙다고 해, 걔 오늘 선생님한테 엄청 꿀통 부렸어.' 또 어떤 때는 '오늘은 기분이 좋던데, 선물 받았다고 하던데.'"(연구참여자 35) 같은 식이다. 학부모들이 교사에게 직접 묻기는 어려운, 아이들도 부모에게 쉽사리 말해 주지 않는 자녀의 학교생활에 대해 전해 주는 것이다.

　　"생활 선생님"이 된 학부모 이사들은 아이들이 용돈을 받지 못하는 이유에 대해서 다각적으로 이해할 수 있었다. 일차적으로 가정의 경제적 어려움이 용돈을 받지 못하는 이유가 된다. "할머니, 할아버지 집에 있는 아이들도 있는데, 할머니 입장에서 천 원이면 큰돈"(연구참여자 35)이다. 그러나 그게 다는 아니었다. 때로는 "학교에서 매점이나 군것질 쓸데없이 하는 거 아니냐, 하면서 안 주는"(연구참여자 35) 경우도 있다. 용돈에 대해 집집마다 생각이 다른 것이다.

　　또 "돈이 없어서라기보다 할머니, 할아버지랑 있는 애들은 챙김을 받

지 못하니까"용돈을 받지 못하기도 한다. 여유가 있는 집인데도 할아버지에게서 용돈을 거의 받지 못하는 아이가 있어서 아이의 아버지에게 전화를 해 보았다. 아빠는 "'매점이 생겼냐?'고, 매점이 생긴 것도 모르고 있었"다고 했다. "애도 아빠한테 그런 얘기를 안 하"(연구참여자 35)였고, 부모는 아이에게 용돈이 필요하다는 것을 알 길이 없었다.

3학년 이하 아이들은 어리다는 이유로 용돈을 받지 못하기도 한다. "엄마가 솔직히 자기 자식을 못 믿는, 부모님 눈에는 애가 어리다고 생각하기" 때문이다. "특히 1학년 애들은 절대 용돈을 안 준"다. "오히려 형한테. 3학년 돼도 안 줘요. 6학년 형이 있으면 형한테 주"는 식이다. 어린 동생들은 용돈을 주도적으로 사용해 볼 기회를 가질 수 없다. 형에게 묶인 존재가 되어 버린다. 연구참여자 35는 이럴 때 동생이 겪는 서러움을 잘 설명한다. "(엄마는) '너 그거 형한테 사 달라고 해' 그랬는데, 형은 4시에 학원 버스 타고 가 버려요. 그럼 애는 어떻게 해요? 먹고 싶어도 못 먹는 거죠."

아이들이 집에서 용돈을 받지 못하는 이유를 다각적으로 이해하게 되니, 경제적으로 어려운 가정만을 선별하여 지원하는 것은 적절하지 않게 여겨졌다. 형제라는 이유로 아이들을 묶어서 생각하는 것도 적절하지 않았다. 가정의 경제적 상황과 무관하게 아이들 한 명씩을 개별적으로 보고, 아이 한 명 한 명이 자기에게 맞게 쓸 수 있는 돈을 주는 게 합리적으로 보였다.

(3) 소비자로서의 자율성을 추구하다: 교장의 공유지 지키기

교장도 매점 문을 열 때부터 용돈에 대한 걱정을 했었다. 양질의 간식거리를 조달하려다 보니, 과자 한 봉지도 싸지 않았다. 간식을 살 만큼의 용돈을 주는 데에 부담을 느낄 부모들이 걱정스러웠다. 이왕 매점은

만들었으니, 외부에서 조달할 수 있는 간식거리를 그냥 매점을 통해서 아이들에게 나누어 주면 되지 않을까도 생각했다. 그러나 간식을 매점에서 나누어 주는 것이 능사는 아니라는 생각도 들었다. 단지 간식을 먹는 것이 아니라 아이들이 자율적인 소비자의 경험을 하는 것도 중요하다는 생각이었다.

제가 강환욱 선생님한테 얘기를 했지요. "엄마도 부담이 좀 가는 사람이 있을 것 같아, 지금 누구누구누구는 여유로워서 맨날 드나들잖아? 걔는 또 돌아다니면서 먹고 이렇게 할 때 다른 애들이 얼마나 먹고 싶겠어? 좀 그런 게 좀 걱정 된다." 제가 그런 얘기를. (중략) 그러면 어떻게 해야 되나? 이러다가 어린이날 때 또 외부에서 아이들한테 간식을 주거나 어떤 보상을 주거나 이럴 때는 외부 간식을 많이 사다가 쓰잖아요, 농협이나 이런 데서. 그런 거를 학교 매점을 이용해서 아이들 좀 간식을 먹을 수 있는 기회를 주자, 이렇게 했는데 …… 어쨌든 그거는 학교에서 주는 거고, 자발적으로 내 돈으로 사 먹는, 내가 먹고 싶은 거 사 먹고 싶은 이런 걸 해소를 못했죠. (연구참여자 33)

기본소득에 대해서 먼저 알고 있었던 강 교사는 학교 예산으로 아이들에게 기본소득을 주는 것에 대해 생각했었다. 그래서 "교장선생님한테 학교에서 예산을 마련해서 애들에게 정기적으로 주자"고 제안했다. 그러나 "이미 한 해 예산을 어디에 쓸지 다 정해져 있는 상태였고, 추경을 하기에는" "담당자가 아닌 다른 교사들이 이 문제를 심각하게 느낄 분위기도 아니"(연구참여자 32)어서, 학교 예산을 조정할 수는 없을 것 같았다.

기본소득이라는 아이디어는 있었지만, 실제 예산이 없으면 실현하기 어려운 꿈이었다. 그러던 중 때마침, 협동조합 매점으로 기부금 100만 원이 들어왔다.

## 2) 때마침 들어온 기부금 100만 원- 협동조합원들의 연대가 가져다준 공유부

기본소득 재원 100만 원을 만난 건 우연이었다. 물론 아무 기반이 없는 우연은 아니다. 멀게는 사회 전반에 활발해진 기본소득에 대한 논의, 가까이는 강 교사가 그동안 일구어 온 보은군 지역 협동조합 조합원들 사이의 연대가 기반이 되었다.

강 교사는 교육협동조합인 햇살마루에서 자연드림 활동가로 일하는 또 다른 조합원을 만났다. 그 활동가는 초등학교의 매점에서 자연드림의 물건을 판매한다는 소식을 듣고 반가워하며, 청주아이쿱의 당시 이사장인 최종예 씨를 소개해 주었다. 최 이사장 역시 팔판동협동조합에 관심을 기울이며, 판동초에 와서 유기농 먹거리에 대한 강연을 하는 등 인연을 맺게 되었다. "자연드림에서 신제품이 나오면 시식을 우리가 먼저 해 보고, (중략) 화장품 같은 경우도 우리가 먼저 발라 보고, 평가하고 하는 시식단 활동"(연구참여자 32)을 판동초의 학부모와 아이들에게 제안해서 1년 정도 이 활동을 함께하기도 했다. 강 교사가 "어린이 기본소득을 시작해야겠다는 생각을 하고 있"을 무렵, "갑자기 최 이사장님이 전화 주셔 갖고 100만 원 좋은 데 쓸 데 있냐고 물어보았"다. "기본소득 하고 싶으니까 그 돈 우리 달라고 그랬"더니, "흔쾌히 기부해 주셨"다. "어린이 기본소득 용도로."(연구참여자 32)

최 이사장이 기본소득에 "흔쾌히" 동의한 것은 그도 이미 기본소득에 대해서 알고 "관심이 많았"(연구참여자 38)기 때문이다. 그는 녹색당 활동을 하면서 기본소득을 접했다.

녹색당 활동은 2012년 후쿠시마 사고 나면서 시작했고, 그러면서 녹색당에서 기본소득 얘기가 나온 거예요. (중략) 2016년에 녹색당 선거 캐치프레이즈 이런 게 청년기본소득, 농민기본소득, 전국민기본소득 이거였어요. 그때만 해도 녹색당 엄청 열심히 했거든요. 기본소득에 대해서 듣자마자 진짜 가슴이 뛰더라고요. 이거 하면 너무 좋겠다. (연구참여자 38)

최 이사장은 2016년 제21대 총선에서 녹색당원으로서 '기본소득 40만 원' 정책을 세상을 알리기 위해 홍보 현수막을 청주 시내 곳곳에 스스로 내걸 만큼 적극적이었다. 그는 "최고은 작가"의 사망 사건*을 언급하면서, "만약 기본소득 40만 원이 있었으면, 그 친구가 안 죽었을 텐데, 그 생각이 들었"다고 말한다. "그래서 딸한테도 물어봤"다. "'한 달에 40만 원을 국가에서 주면 어떨 것 같아?' '너무 좋겠죠.' '40만 원 받으면 뭐 할래?' '하고 싶은 것 하겠지.'"라는 대답이 돌아왔다고 했다. "기본적으로 그 돈이 나오면 쫄리지 않을 것 같다는 생각"을 한다. "누구든 간에 안전망 속에서 자신답게 살 수 있을 것"이라는 말이다. 그는 "기본소득을 받게 되면, 빈곤과 과로가 사라지고 각자가 배우고 싶은 것, 하고 싶은 것을 자유롭게 할 수 있는 사회가 도래할 것"(연구참여자 38)이라는 신념을 가지고 있다.

최 이사장은 협동조합운동 안에서도 특히 공평한 나눔을 지향한다. 예컨대, "생협의 지역조합에서 일정 정도 돈을 모으고 연합회가 그 돈만큼을 지원해서 나눔 행사를 하"는데, 그 나눔도 "등록돼 있는 곳 위주로" 지원하다 보니 "가는 곳은 가고, 안 가는 곳은 안 가는 부익부 빈익빈" 현상이 나타난다. 그는 "등록돼 있지 않은 곳, 잘 안 가는 곳을 계속 찾아다니고 있었"다고 말한다. 그러던 중, "친구가 자기 엄마 돌아가시고 나서 돈 100만 원을 주면서 엄마 이름으로 의미 있게 써 달라"고 했다. "올해도

---

* (고)최고은은 시나리오 작가이자 영화감독으로, 2011년 1월에 32세의 젊은 나이에 안타깝게 요절했다. 그녀는 촉망받는 예술가였지만, 질병과 가난에 시달렸다. "며칠째 아무것도 못 먹어서 남는 밥이랑 김치가 있으면 저희 집 문 좀 두들겨 주세요"라는 내용의 쪽지를 집 문 앞에 남기고, 사망한 지 며칠이 지나 이웃에게 발견된 것으로 전해졌다. 최고은 작가의 죽음은 고단한 청년들의 삶, 아프고 힘든 사람들을 서로 돌보고 살피지 못하는 우리 사회의 현실을 알리며 사회적인 충격을 주었다(채은하, 2011).

장학금을 줘 볼까, 어디가 안 받아 본 곳인가, 이런 생각을 하다가 강 선생님한테 전화를 해"서 매점 상황을 물어보았다.

> 강환욱 선생님이랑 통화할 때 "매점 어때요? 아이들은 어떤가요?" 이렇게 여쭤봤을 때 "용돈이 많은 애는 매일 오고 그렇지 않은 애는 오지 못하고", 그러셨어요. 그러면 소외되잖아요. 그런 친구, 매점이 생기면서 또 다른 소외가 생긴 거예요. 원래 좋은 의도로 시작했는데 또 소외가 그 안에서 되는 거죠. 이 기본소득이 지급이 되면 소외 받지 않게 될 거라는 생각이 들더라고요. 어쨌든 2천 원이 됐든 천 원이 됐든 한 번은 올 수 있잖아요. 친구들한테 얻어먹는 것도 한두 번이지, 자존감의 문제가 있는 거니까. 또, 저는 그걸 받아서 오는 것도 오는 거지만, 친구들한테 사 줄 때 기쁨, '나도 이걸 받고 친구를 사 줄 수 있어' 그런 것을 느끼면 다르지 않을까? 느낌이 매우 다를 것 같았거든요. (연구참여자 38)

강환욱 선생님이 "용돈 받는 친구는 자주 오고 그렇지 않은 친구는 못 오고, 그래서 제가 기본소득을 해 볼까 해요"라고 했을 때, 최 이사장은 "아무 고민 없이" 100만 원을 판동초 협동조합에 기부했다. "강 선생님이 이미 고민을 많이 하셨"고, "용돈이라는 개념도 없앴고*. 판동초 학생이면 누구나 받을 수 있도록 하자, 이름도 그렇게 지어졌고. 현금을 지급하면 애들이 다른 데 나가서 쓸 수 있으니까 학교의 매점화폐로 만들어서 학교 안에서만 쓸 수 있게" 한다고 하니, 망설일 이유가 없었다.

최 이사장은 아이들이 기본소득을 받으면 좋은 방향으로 변화할 것이라고 기대했다. "기본소득을 받게 되면, 못 오는 친구들이 올 수 있고, 친구한테 사 줄 수 없었던 친구들이 사 줄 수 있고, 그럼 그 친구들도 정

---

* 어른이 아이에게 주는 돈은 "용돈"이라 불리는 게 일반적이다. 그러나 강환욱 교사는 의도적으로 용돈이 아니라 "기본소득"이라는 명칭을 사용했다. "용돈"은 순종을 강조하는 단어일 수 있다고 생각했다. 명칭을 놓고는 교내 어른들의 거부감이 없지 않았고 설득이 필요했다(한인정, 2021).

말 기분이 좋겠다"고 여겼다. 기본소득을 도입하고 나서 아이들이 들려준 이야기는 최 이사장의 기대를 충족시키기에 충분했다. "기본소득을 하고 나서 친구들한테 일종의 설문 같은 걸 한 게 있었잖아요. 보셨죠? (중략) '학교가 나를 좋아하는 것 같아요', 저는 그거 한마디로, 이거면 됐지" 했다.

### 3) 기본소득으로 나눌 결심

사회적으로 확산된 기본소득 논의를 바탕으로 이를 지지하는 사람들이 협동조합이라는 구체적인 공간을 매개로 연결됨으로써 판동초의 어린이 기본소득이 가능해졌다. 최종예 이사장이 내놓은 기부금 100만 원은 그의 친구가 어머니를 생각하며 가졌던 선의와 친구의 최 이사장에 대한 신뢰, 최 이사장이 강환욱 교사와 판동초에 가졌던 신뢰, 협동조합이라는 구체적인 제도를 통해 맺어진 연대 등 수많은 사람의 관계가 가져다준 '공유부'였다. 딱히 누구의 노력으로 만들어진 돈이라고 특정할 수 없지만, 판동초 아이들을 중심에 둔 어른들의 선의가 모이고 팔판동협동조합이라는 새로운 공유지가 만들어지지 않았다면 판동초에 들어올 수 없었던 돈이라는 점에서 '공유부'라 할 만하다.

팔판동협동조합은 이 공유부를 전교생에게 기본소득 방식으로 배당하기로 결심하게 된다. 사실 기부금이 들어왔을 때, 이를 분배하는 방식은 기본소득이 아닐 수도 있다. 예컨대, 협동조합에 들어온 돈이니 조합원에게만 배당하거나, 협동조합에서 일한 사람에게만 포상금을 지급할 수도 있다. 학교라는 공간에서 더 흔한 분배의 방식은 공부를 잘하는 학생에게 장학금을 주거나, 가정 형편이 어려운 학생을 선별하여 지원금으로 주는 것이다. 아니면, 협동조합 운영이 어려워질 것에 대비해서 적립해 둘 수도 있었을 것이다. 그러나 판동초는 전교생에게 동일한 액수를 아무런 조건 없이 일정한 주기로 지급하는 기본소득 방식으로 배당할 것을 택했다.

강 교사가 마침 들어온 기부금 100만 원을 기본소득으로 배당하자고 제안했을 때, 학부모 이사들은 아무도 반대하지 않았다. 이유가 무엇이든 용돈이 없어서 매점에 오지 못하는 아이들이 누구인지 잘 알고 있으니, 그런 아이들에게만 기부금을 나누어 주자고 할 수도 있는 노릇이었다. 그러나 학부모 이사들은 기본소득을 받아들였다. 그 이유는 일차적으로 강 교사를 깊이 신뢰하기 때문이다.

매점 만들기를 함께했던 학부모 이사들에게 강 교사는 각별한 존재다. "선생님이지만 일을 같이했던" 사람이다. "처음에 그런 일을 같이 꾸미고, '작당 모의'도 하고. 초창기에 매점 꾸밀 때 같이 가서 벽에 페인트 칠도" 했다. 학부모들에게 강 교사는 "열심히 사는 선생님"이고, "아이들에 대한 생각이 바른, 아이들이 아이답게 자라야 된다고 생각하는"(연구참여자 37) 좋은 선생님이다. 강 교사 자신도 이것을 알고 있다. 강 교사는 "우리 학부모 이사들이 그냥 저를 믿어요. 제가 하자고 하면 그냥, 대부분" 동의하고 마음을 모아 준다고 말한다.

무엇보다도 판동초 공유자들은 자원을 선별적, 차등적으로 배분하는 것이 가져올 위험을 강하게 인식하고 있었다. 선별적인 배분은 아이들 사이의 낙인을 불러올 수 있다. "더 어려운 형편에 있는 아이에게 더 줘 가지고 다른 애들이 얘 집 형편이 엄청 어렵다는 것 알 수 있을 거 아닌가"(연구참여자 36) 생각했다. 그리고 "어른들만 그런 게 아니라, 아이들도 어른처럼 자격지심이 엄청 심하고 기가 죽는다"는 것, "아이들이 오히려 더 민감하게 알아차린다는 것"(연구참여자 35)을 인식했다. "부자와 가난한 기준도 다 다르니까"(연구참여자 36), 가난한 아이들을 선별하는 기준을 정하는 것이 어렵다는 생각도 했다.

"한 선생님한테 공부 당연히 같이 배우는 거고, 급식도 똑같은 걸 먹

매점구폰으로 지급하는 기본소득은 어른이 나누어 주지 않는다. 매주 월요일 아침 6학년 교실 앞에 걸린 기본소득 판에서 아이들은 자기 이름에 꽂힌 쿠폰을 스스로 뽑아 간다. "우리 학교 학생 모두가 조금 더 즐겁기를!" 기본소득 지급의 목적이다.(사진: 강환욱)

매점에서 사용되는 쿠폰(사진: 강환욱)

어야 되는 거고, 아이들은 당연히 똑같이 받아야 되는 거"(연구참여자 35)라고 보는 평등의 관점도 작용하였다. 나아가 기부금을 선별적으로 분배한다면, 아이들에게 가난을 증빙하여 혜택을 받는 경험을 어려서부터 하게 만드는 것으로, 그 자체가 교육적이지 않다고 판단했다. 가난을 증빙하지 않고 모두에게 주는 보편적 기본소득이 연대 의식과 함께 올바른 경제관념도 키워 줄 것이라고 보았다.

가난하다고 더 준다면 이게 나중에 애가 크면서도 안 좋은 영향이 있다고 생각해요. 왜냐하면 가난해서 더 주면, 얘는 난 가난하니까 더 주네, 그러면 노력할 의지도 없어질 거 아니에요? (중략) 없으면 아껴 쓰고, 똑같이 받아서 모아 쓰고 아껴 쓰고 그러면 되는 건데, 왜 가난하면 더 많이 받아야 돼? (연구참여자 35)

팔판동협동조합에서는 2020년 10월부터 아이들에게 기본소득 방식으로 매점쿠폰을 나누어 주기 시작했다. 2019년 9월 매점이 문을 열고 1년 남짓 지난 시점이었다. 기본소득은 병설유치원의 아이들을 포함한 전교생에게 지급한다.

기본소득을 받기 위해 아이들이 해야 하는 것은 아무것도 없다. 매주 월요일 아침 학교에 오면, 아이들은 기본소득으로 1천 원짜리 매점쿠폰 두 장을 받는다. 현금이 아닌 매점쿠폰으로 지급하는 이유는 기본소득을 팔판동협동조합 안에서만 사용하게 하려는 것이다. 매점 안에서는 현금과 동일하게 사용된다. 매점 물건은 쿠폰으로도, 현금으로도 살 수 있고, 매점쿠폰을 내고 거스름돈을 현금으로 받는 것도 가능하다.

매점쿠폰을 지급할 때, 선생님이나 학부모 같은 어른이 아이들에게 나누어 주는 방법을 택하지 않았다. 6학년 교실 앞 복도에 기본소득 판을 걸어 놓는다. 그 판에는 아이들 이름이 적힌 주머니가 전교 학생 수만큼 달려 있다. 그 주머니에 쿠폰 두 장씩을 꽂아 두면 아이들은 저마다 자기 주머니에 있는 쿠폰을 가져간다. '어른이 주신 돈'이 아니라 내가 학생이기 때문에 가져갈 수 있는 '내 돈'인 것이다. 기본소득의 특성인 보편성, 무조건성, 개별성, 정기성, 현금성의 원칙을 그 나름 현실화한 것이다.

# 제6장
# 어린이 기본소득을 통한 공유지의 확대

팔판동협동조합의 어린이 기본소득 도입은 또 하나의 공유화 과정이다. 공유자들이 마음을 모아 만들었으나 충분히 활용되지 못했던 매점 공유지를 다시 공유화함으로써 유지하고 확장하려는 노력이었다. 기본소득 도입은 공유지에 활기를 불어넣었을 뿐만 아니라, 공유지를 좀 더 평등한 연대의 장으로 변화시켰다. 공유자들의 주체성이 강해지면서 공유지를 지키고 확장하려는 마음도 한층 강해졌다. 공유지 (재)생산과정이 기본소득을 통해 가능해진 것이다.

## 1. 공유지의 활성화와 그 의미의 변화

### 1) 매점 공유지의 활성화: 살아나는 공유지

기본소득 도입 이후 가장 두드러진 변화는 학생들의 매점 이용이 급증한 것이다. 모든 아이가 드나들 수 있는 곳이 되니, 아이들끼리 만나서 같이하는 일이 늘어났다.

> 일단 매점에 많이 간다는 것, 그 전에는 가는 애들만 갔었는데. 기본소득이 없을 때 복작거리지 않던 매점이 지금은 학교 안에서 핫플레이스, 더 중요한 공간이 되었어요." (연구참여자 34)

6학년 한 아이는 "확실히 매점을 전보다 더 많은 사람이 이용할 수 있게"(연구참여자 27) 되었다고 말한다. 아이들은 매점을 "배가 안 고프게 만드는 공간"(연구참여자 12), "안 심심하게 만드는 공간"(연구참여자 13), "하고 싶은 걸 마음대로 하게 하는 공간"(연구참여자 11)이라고 표현한다. 매점은 "친구들을 만날 수 있고"(연구참여자 3), "애들이랑 수다를 떠는 공간"(연구참여자 23)이 되었고, 저학년 아이들에게는 "4학년, 5학년을 볼 수 있는"(연구참여자 9) 곳이기도 하다.

특히나 부모가 주는 용돈에서 소외되기 십상이었던 1학년 아이들에게 기본소득의 의미는 남달랐다. 1학년 담임선생님은 "매점이라는 말 자체가 1학년 교실에서는 그렇게 말이 나올 일이 없는 말"이었는데, "기본소득이 있으니까, 일단 그걸 똑같이 받았으니까 쓸 수 있게"(연구참여자 34) 되었다고 말한다.

한 학부모(연구참여자 36)는 매점에 대해 "(아이들이) 다 같이 모일 공간이 생긴 것도 나쁘지 않고, 숙제 같은 것도 시간이 나면 거기서 하고 와요. 테이블이랑 다 있으니까"라고 한다. 방과 후에 엄마가 데리러 오기를 기다려야 하는 아이들은 매점에서 "엄마를 기다리는 동안, 시간이 되면 숙제를 한다거나, 배고프면 간식도 같이 먹곤"(연구참여자 36) 한다. 학원 아니면 친구들을 만날 공간이 없는 요즘 아이들에게 학교 매점은 친구를 만나고 하고 싶은 일을 하며 시간을 보낼 수 있는 중요한 공간이 된다.

얘네는 여기 아니면 다른 공간에서 만날 기회들이, 저희 애는 특히 학원도 안 다니고 그러니까 친구를 보고 싶어 하는 경우도 있는데, (다른 데 갈 데가) 없으니까 거기서 놀다 오면 좋아하죠. (연구참여자 36)

매점에 사람들이 많이 드나들게 된 것은 아이들에게만이 아니라 학교의 어른들에게도 변화를 가져왔다. 매점에서 학부모들끼리, 학부모와 교사가 빈번히 만날 수 있었고, 빈번한 만남은 뭔가 함께할 수 있는 일들을 자꾸 만들어 내는 효과를 가져왔다. 목공실을 만들고 교사와 학부모가 함께 재봉 모임을 하는 것은 매점이 활성화되면서 가능했다.

학부모와 교장을 포함한 교직원이 함께하는 재봉 모임은 다른 학교에는 없는 이색적인 일이다. 그 시작은 매점에 학부모들이 자주 오는 것이었다.

동아리도 있어요. 다른 학교에는 없죠. 학부모 동아리가 운영되는, 게다가 이렇게 장기적으로 운영되는 학교는 저는 처음 봤어요. 학교 여러 개 다녔지만 처음 봤고. (판동초에서는 그게 어떻게 가능했죠?) 일단 학부모님들이 학교에 자주 오신다는 것, 그걸로 일단 시작하지 않았을까 싶고. (연구참여자 34)

"작년에 학부모 동아리로 시작했을 때는 학교 안에 모임을 할 장소가 마땅치 않아서, 읍내의 미싱 공방"을 이용했다. 교사들이 함께하기는 어려웠다. 그러다가 학교 안에 목공실이 만들어지면서, 거기에 재봉틀을 여러 대 들여놓았다. "이제 학교의 장소를 활용하게 됐고, 그렇게 하면서 선생님들도 몇 명 관심 있는 사람이 있냐고 물었더니, 선생님들도 많이, 직원들도 많이 참여를"(연구참여자 34) 하게 되었다. 그렇게 "올해는 학부모와 교직원이 같이 활동을"(연구참여자 34) 하고 있다. 재봉 모임에 참여하는 교직원은 "꽤 많"다. "1학년, 2학년, 3학년, 5학년, 특수, 돌봄 선생님, 유치원 방과후 선생님, 교무 실무 선생님, 행정실 부장 선생님, 교장 선생님 등, 제가 꼽은 것만 11명"(연구참여자 34)이나 된다. 그러니 재봉 모임을 여러 개의 반으로 나누어 구성했는데, 흥미로운 것은 학부모끼리, 교사끼리 구분하여 반을 나누지 않았다는 것이다.

> 반을 그냥 스케줄별로 만들었는데, 오후 수업이 있는 분들은 오전 수업을, 선생님이 몇 개 스케줄을 제시했는데, 처음부터 나누자, 합치자 얘기가 없이 스케줄을 들반, 빛반, 이런 식으로 해서 세 개인가 해서 자기가 들어갈 수 있는 시간에 들어가게 된 거예요. 오전 수업이 없는 분들은 오전에 가고, 저희같이 수업 있는 사람들은 오후로 가고, 또 엄마들도 원하는 대로. (연구참여자 34)

학부모와 같은 반에서 동아리 활동을 하는 것이 서로 어색하거나 불편하지 않은지 물었을 때, 교사의 대답은 이랬다. "그러면 가입을 안 하겠죠. 오전에 하시는 분들은 학부모님들이랑 자주 보시겠죠. 같이 봉사활동을 하잖아요." 재봉 모임에서 학교 주변 사과 농장에 기부할 앞치마를 만들고 있다. 이는 "좋은 일도 하게 되었"(연구참여자 34)다는 자부심으로 이어진다.

교사인 연구참여자 34는 재봉 모임에 대한 소회를 이렇게 말한다.

> 저희도 누리는 거죠. 말하자면. 애들이 매점을 누리고 하는 것처럼 저희도 그렇게 누리게 되더라고요. 학교에 선생님들이 주인은 아니잖아요. 저희는 와서 일해야 하는 사람들이잖아요. 남들이 보기에는 저희가 수업만 하고 퇴근하는 줄로만 알고 학교에서 애들과 놀기만 하는 줄로 아는 분도 있겠지만, 저희는 학교에 와서 정말 바쁘거든요. 그런 와중에, 내가 교직 생활을 하면서 학교에서 이런 것도 조금은 누릴 수 있구나, 그런 마음이 들어요. 즐겁기도 하고. 그러면서 또 봉사까지 할 수 있다니까. (연구참여자 34)

## 2) 공유지의 의미 변화: 무조건적 기본소득이 가져온 평등과 연대

판동초의 어린이 기본소득은 아이들 모두에게 아무런 조건 없이 지급된다. 아이들의 시선에서 보자면, 기본소득은 부모가 주는 용돈과도 다르고, 학교에서 일반적으로 볼 수 있는 장학금이나 취약계층 지원금과도 다르다. 학교가 아무 조건 없이 매주 일정하게 매점을 이용할 수 있는 돈(쿠폰)을 주는 것이다. 이를 아이들은 어떻게 받아들이고 있을까?

기본소득으로 인해 아이들은 부모에게서 받는 용돈이 아니어도 매점을 이용할 수 있게 되었다. 아이들은 "매점에 돈이 없어도 매점쿠폰으로 들어갈 수 있"(연구참여자 13)다고 설명한다. "용돈을 안 받아도 친구들이랑 가서 먹을 거를 사 먹을 수 있"(연구참여자 12)게 된 것이다. 기본소득은 아이들을 부모가 주는 용돈으로부터 자유롭게 만들었다.

용돈에서 자유로워지는 것은 아이들에게 두 가지 의미가 있다. 하나는 아이들이 부모로부터 일정한 독립성을 확보하는 것이다. 아이 입장에서 용돈이란 부모와의 권력 불균형이 반영된 돈이다. 아이들은 용돈을 부모의 요구에 맞게 행동해야 받을 수 있는 돈으로 인식한다. 필요한 것과 필요하지 않은 것을 분별하는 것도 부모의 권한이 된다. 한 아이는 "엄마 아빠가 필요 없는 건 못 사게 하는데, 저는 사고 싶은 것 사고 싶"(연구참여자 17)다고 말한다. 기본소득은 용돈과 다르다. 기본소득은 적어도 매점 이용에서만큼은 아이들이 부모와 평등한 관계를 맺게 한다. 내가 받은 기본소득으로 내가 사고 싶은 것을 살 수 있다. "엄마, 아빠 눈치 볼 필요 없이 돈을 받을 수 있으니까, 학교 오는 거가 좋아요."(연구참여자 17)

다른 하나는 아이들 사이의 관계가 대등한 개인 대 개인으로 정립되는 것이다. 기본소득으로 인해, 적어도 학교 안에서는 자신이 속한 가정의 경제적 수준이나 문화적 차이를 드러내지 않고 친구들과 매점에 갈 수 있다. 조합을 열고 어른들은 돈이 없어서 매점에 가지 못하는 아이들이 마음을 다칠까 걱정했었다. "학교에는 상대적으로 어려운 아이들과 부자인 아이들이 늘 섞여 있"다. "그러다 보면 소외 받거나 스스로 어떤 어울리지 못하는 것들이 분명히 존재한"(연구참여자 40)다. 게다가, 아이들 건강을 생각해서 생협의 유기농 간식을 들여놓지만, 그러다 보니 상대적으로 가격대가 높아졌다. 교장은 "애들 먹는 짱구 뭐 이런 것도 1,600원씩, 비싸서 …… 누구누구누구는 여유로워서 맨날 드나들 …… 먹고 이렇게 할 때 다른 애들이 얼마나 먹고 싶겠"나 걱정했다. 매점은 아이들 사이의 격차를 드러낼 수도 있는 공간이었다.

기본소득은 "늘 얻어먹어야 하는 아이의 자존심"(연구참여자 38)을 지켜 줄 뿐만 아니라 용돈을 충분히 받는 아이도 질투의 대상이 되지 않도록 보호한다. 학부모 이사로서 아이들을 지켜본 한 학부모(연구참여자 35)는 용돈을 잘 쓰는 아이는 때로 아이들 사이에 "꼴 보기 싫은 존재"가 되기도 했다고 귀띔한다. 아이들은 "기본소득 생기고 나서는 나도 쓰고, 쟤도 똑같이 받아, 나도 똑같이 받아, (중략) 얘는 이거 받고 여기서 또 용돈이 있는 거, 이게 아니라 그냥 우리 똑같이 기본소득 2천 원 받으니까"라고 생각하는 것 같다. "인터넷에 악플을 다는" 것과 비슷한 질시의 마음이 아이들에게도 있는데, 기본소득이 이 마음을 다독여 준다는 설명이다.

부모에게서 자립적이고 가정 형편을 드러내지 않는 돈, 모두에게 똑같은 액수로 주어지는 돈이기 때문에, 아이들은 그들 나름대로 민감한 주제인 돈 이야기를 나누는 데에도 거리낌이 없다. 기본소득으로 무엇을 할지, 어떻게 쓸지를 서로 스스럼없이 말한다. 교사들은 이렇게 설명한다.

겨우 2천 원이지만, 애가 거기(매점)를 드나들 수 있는 기회도 있고, 똑같은 걸 사 가지고 둘이 나눠도 먹고, 또 다른 걸 사서 나눠도 먹고. 내가 요번에 쿠폰이 있으니까 너 같이 먹자, 얘가 안 사 먹어도. 얘는 쿠폰이 떨어져서 못 사 먹을 때 같이

먹기도 하고, 아이들 관계도 좋아지고. (연구참여자 33)

　용돈은 너랑 상관없는 내 돈이고. 또 돈을 아예 안 들고 와서 (매점에) 못 가는 애도 많았으니까 그런 얘기를 한 적이 없었고, 그냥 각자 사 먹으면 끝인 거죠. 그런데 지금은 다른 거죠. 똑같이 너도나도 3천 원을 받으니까. 지금 3천 원으로 올랐어요. 그거 쓰는 것에 대해서는 얘기가 나오죠. 사실 기본소득이 있고 나서 그렇게 된 거예요, 돌이켜보니까. 용돈으로 쓸 때는 그렇지 않았죠. (연구참여자 34)

　한편, 어린이 기본소득은 학교에서 익숙한 장학금과도 다르다. 일정한 성과를 조건으로 내걸지 않는다. 매점화폐를 학업 성과에 따라 차등적으로 주는 것에 대한 의견을 물었을 때, 아이들은 이구동성으로 "안 돼요"라고 저항했고, "주지 말자는 거예요?"(연구참여자 13)라고 반문하기도 했다. "우리도 열심히 했는데. 왜 쟤만 많이 줘요?"(연구참여자 13) 하거나, "똑같이 줘야죠. 최선을 다했으니까요."(연구참여자 17)라고도 한다. 최종 결과보다는 성취 과정에 초점을 맞추어야 한다는 관점을 드러낸 것이다. "그렇게 하면 학원 다니는 사람이 더 유리해져요."(연구참여자 11)라고 하며, 성취 과정에서 발생할 불공정을 지적하기도 했다.
　학부모들도 강하게 반대한다. "불공평한 거잖아요. 잘하는 애들은 상장도 받고 그만큼 혜택이 갈 거 아니에요? 못하는 애들이 안 그래도 못하는데 얼마나 속상하겠어요? 이런 거 있잖아요. 똑같은 자식인데 애는 공부 잘해서 만 원 주고 얘는 공부 못해서 천 원 주면, 억울한 거예요. 그러면 안 되잖아요, 학교에서. 똑같이 받아야죠."(연구참여자 35)라고 말한다.
　기본소득을 지지하는 보은군 의원(연구참여자 40)은 더 나아가 보은군장학회가 '성적이 우수한 순'으로 장학금을 지급하는 것에 대해서도 비판한다. 이런 방식이 과연 지역 발전에 유효한지 고민해 봐야 한다는 지적이다.

> (장학금을 지급하여) 어느 정도 공부 잘하는 애들에게 당근을 줄 수 있지만 그
> 게 다여서는 안 되죠. 우리 아이들 모두가 지역에서 살아남을 아이들이고, 그렇기
> 때문에 차별을 두지 말고 공정하게 지급할 수 있는 걸 만들어야 해요. (연구참여자
> 40)

한 교사는 성과에 따라 매점화폐를 주는 것은 보편적인 기본소득을
전제로 추가되는 정책일 때 더 교육적이라고 말한다.

> 기본소득이 없는 상태에서 누구는 그림을 잘 그려서 5천 원을 받았고 누구는 못
> 받고 이런 상황이면 안 좋을 것 같아요. 기본소득이 있는 상태에서니까 그냥 누구
> 도 3천 원은 있는 상태, 거기에 2천 원을 더 받을 수 있고. 저는 스티커 10개 모으면
> 천 원짜리 매점화폐를 하나 주거든요. 애들이 엄청 좋아해요. 기본소득이랑 병행
> 하니까 괜찮다고 생각을 해요. 그걸 그냥 돈을 상으로 주는 건 안 좋다고 생각해요.
> (연구참여자 34)

기본소득 도입 이후 무엇이 달라졌을까? 아이들은 집에서 받는 용돈
의 차이에 대해 별로 신경 쓰지 않는 모습이다. 연구참여자 35는 이렇게
말한다. "기본소득을 똑같이 주니까 나도 똑같이 받네, 각자 더 받는 걸
생각 안 하고 기본소득 똑같이 받네, (중략) 우리는 다 어차피 같이 받는
구나, 그렇게 되는 거예요." 용돈에서 차이가 있어도 아이들 마음에 "엇
갈림이 없어지는" 것이다.

이렇게 용돈의 차이에 대해 대범해질 수 있는 것은 돈에 대해 자신감
이 생긴 결과다. "안 쓰는 애들은 진짜 모아서 기다리는 거죠. 10장을 꺼
내서, 자기가 열심히 모아 가지고, 그렇게 생색을 낼 수도 있고, 자신감

매점 포스기 옆에 놓인 '돈이 조금 부족할 때 누구나 쓸 수 있는 잔돈샘'. "갚지 않아도 돼. 갚아도 돼. 기부해도 돼."라는 설명이 붙어 있다. 판동초 매점에는 마르지 않는 샘이 있다.(사진: 이지수)

도 생기는 거예요." 기본소득이 정기적으로 들어오기 때문에, 아이들은 그 사용에 대해 스스로 계획을 세울 수 있다. 집에서 용돈을 받지 못하는 아이들도, 기본소득을 잘 모으면 친구들에게 한 번 베풀고 "생색을 내는 것"이 가능해진다. 아이들 마음이 돈으로 인해 "엇갈리"지 않을 수 있다.

아이들이 돈에서 자유로워진 모습은 매점 계산대에 비치된 '잔돈샘' 에서 극적으로 드러난다. 잔돈샘은 계산 후 남는 잔돈을 넣어 놓을 수도 있고 때로 돈이 모자라면 가져가서 쓸 수도 있도록 비치해 놓은 돈 상자다. 누가 얼마를 남겨 두는지, 누가 얼마를 가져가는지 아무도 관리하지 않는다. 상자는 늘 열려 있다. 그런데 이 상자에는 늘 돈이 남아 있다. 그야말로 마르지 않는 "샘"이다. 기본적인 욕구를 충족한 아이들은 자신이 필요한 것 이상을 탐하지 않는다.

만약에 아이들이 누구는 (돈이) 없고 누구는 있다고 그러면 거기(잔돈샘)가 남아

나지 않았을 거예요. 평등하게 돈을 가졌기 때문에 굳이 그걸 탐하지 않는 거죠. 그 돈은 내 돈도 네 돈도 아니고, 내가 뭐 사 먹고 남았어, 오늘 이 돈은 여기 넣어도 돼, 그러면 넣는 거예요. 또 어떤 날에 만약 천 원짜리인데 900원밖에 없어, 그러면 거기서 100원 가지고 가서 내가 사 먹는 거예요. 그래서 그 잔돈샘은 마르지 않아요. 누가 돈이 많고 누구는 없었다면 항상 누군가는 그걸 탐해서 다 가져갈 수 있겠죠. 그렇지 않다는 건 벌써, 이게 눈에 보이는 거잖아요. (연구참여자 37)

다만 학부모들 사이에는 "일하지 않고" 돈을 받는 것에 대한 고민이 여전히 있다. 학교에서 아이들에게 아무 조건 없이 기본소득을 준다는 말을 들었을 때, 연구참여자 36이 제일 먼저 한 생각은 "그냥 줘도 되나?", "공짜로 받아도 되나?"였다. 그렇다고 특별히 어떤 기준을 정해 선별해서 주어야 한다고 생각하지는 않았다. "기준을 누가 정할까, 부자와 가난한 것의 기준도 다 다른데"라고 생각했기 때문이다. 그러니 "준다면, 다 똑같이 주는 게 맞"다고는 생각한다. 그럼에도 "뭔가를 시키면서 돈을 주는 것도 나쁘지 않다는 생각이 들긴 한"다. "청소를 한다거나 매장 정리를 한다거나. (중략) 세상에 공짜로 돈을 받는 건 익숙하지 않"기 때문이다.

학교 공유지에서 진행되는 공유화인 만큼, 그것이 아이들의 성장과 발달, 그리고 가치관 형성에 어떤 영향을 미칠 것인지에 대한 고민은 가장 핵심적인 것이고, 이에 대한 공유자들의 숙고와 토론은 지속적인 '공유화' 과정으로서 여전히 진행 중이다.

## 2. 주체로 성장하는 공유자들, 공유지의 유지와 확장을 고민하다

기본소득 도입으로 매점이 활성화하고 평등과 연대를 경험하면서,

공유자들에게는 공유지를 지켜야 한다는 마음이 커졌다. 주체 의식이 더 강해지는 것이다. 이는 매점을 중심으로 모여서 또 다른 모임이나 활동을 구상하고 실행하며 공유지를 확장하려는 시도로 이어지고 있다.

### 1) 아이들의 성장: 주체적 공유자로 서기

기본소득 도입 이후, 아이들의 학교에 대한 자부심과 만족도는 하늘을 찌른다. 학교에 대해 소개해 달라고 하자, "좋은 학교에요"(연구참여자 13, 22, 23), "100점 학교에요"(연구참여자 28)라고 했고, "이 학교는 단점보단 장점이 많은 학교에요"(연구참여자 29)라고 어른스럽게 말하기도 했다. 주변의 반응을 전하기도 한다. "학원 친구들이 저희 학교에 오고 싶다고. 기본소득 있으니깐."(연구참여자 27)

아이들이 학교를 좋아하는 이유는 단연 매점과 기본소득이지만, 그 외에도 목공소, 방방이, 집라인, 휴게실 등 다양하다.

전국에서 유일하게 기본소득을 하는 학교죠. (연구참여자 27)

학교에 학생들이 좋아할 만한 매점이라던가, 기본소득이라던가, 이런 게 학생들에게 필요한 물건이 많잖아요. 그래서 100점 학교에요. (연구참여자 28)

안 좋은 점은 없어요. 놀거리도 많고. 기본소득도 있고요. (연구참여자 27)

즐거운 학교요. 여러 즐거운 놀이 기구도 있고. 또 기본소득이 있으니깐. 즐거워할 만한 것들이 있으니깐. (연구참여자 25)

학교에 방방도 있고. 집라인, 목공소도 있고. 매점도 있다 보니깐. 제가 진짜 원

하던 학교인 거 같아서. 스타 학교인 거 같아요. (연구참여자 25)

매점과 기본소득, 보은에서 유일하게 기본소득을 실행 중인 학교고. 매점화폐로 매주 월요일 1주일 한 번 3천 원을 받고. 목공소가 있고. 여러 가지 시설들이 있는 학교라고 설명하고 싶어요. (연구참여자 11).

기본소득을 받고 쓰면서 아이들에게는 자연스럽게 경제 교육이 이루어졌고, 아이들은 자율적인 소비자로 성장했다. 한 학부모(연구참여자 35)는 "1학년 아이들도 지금은 천 원 주면 200원 달라고 손을 내밀어요" 한다. 스스로 돈 계산을 할 줄 알게 되었다는 것이다. 매점화폐 기록장을 쓰기도 한다. "1학년 아이 하나는, 그 아이 엄마는 애가 기본소득 통장이 있어요, 오늘 뭐 사 먹었고 돈 얼마 남았고 다 기입을 해요. 왜냐하면 이거 한 장하면 엄마가 용돈 얼마 주고, 칭찬쿠폰도 주거든요."

아이들이 돈 사용을 계획적으로 하는 것도 큰 변화다. "예전에는 용돈 있으면 다 쓰고 보는 아이들이 지금은 아껴 써요. 이번 주 안 오는 애들이 있어요. 왜 안 와? 모아서 뭐 하나 사려고."(연구참여자 35). "아이들 소비가 자꾸 높아지고 안 좋지 않나 우려를 했지만, 그것 또한 시간이 지나다 보니까 싹 스며든 거죠. 처음에 아이들이 호기심에 막 사 먹고 했지만 지금 시간이 지나면 정말 자기가 배고픈 것만 먹고, 필요할 때만 산"(연구참여자 37)다는 것을 어른들도 알게 되었다.

학교 교사(연구참여자 34)는 매점에 물건들이 다양해지면서 아이들의 소비 양식도 풍요로워졌다고 말한다. 매점 한편에 벼룩시장도 열었다. "애들이 매점 가서 사는 것도 더 재미가 있죠. 간식만 사 먹을 때보다. 다른 사람이 썼던 거지만 싸게 좋은 걸 살 수도 있고, 아니면 내가 필요한 문구나 장갑 같은 것, 무릎 담요 같은 것도 있고."

아이들에게서는 매점화폐를 자율적으로 사용하는 소비자로서의 자부심이 읽힌다. 1학년 아이는 "내가 고르는 게 재미있고 좋아요."(연구참여자 1)라고 한다. 다른 학년 아이들도, "하고 싶은 걸 맘대로 할 수 있어요."(연구참여자 11), "가격대가 높은 게 있어서 그걸 못 사는 친구도 있었는데, 너무 비싼 게 있으면 기본소득을 모아서 사는 그런 경우가 있"(연구참여자 27)다고도 말한다.

모두가 만나는 공간에서 모두에게 같은 금액으로 지급되는 쿠폰을 써 보면서, 아이들은 평등의 가치를 강하게 내면화하는 듯하다. 똑같이 받는 것이 좋은 이유를 다양하게 설명한다.

"공평하지 않으면 차별이 생길 수 있으니깐."(연구참여자 17, 25) "학교에서 차별하면 불안감이 생기잖아요."(연구참여자 11) "어떤 애는 더 받고 어떤 애는 적게 받으면 싸울 수도 있고 그러니까."(연구참여자 1) "똑같이 평등하게 받는 게 불평 없이 받을 수 있잖아요."(연구참여자 1) "적게 받는 애들은 기분이 상할 수도 있으니까."(연구참여자 26)

아이들은 나이나 성적 등으로 달리 대하는 것은 차별이고 차별은 그것을 당하는 사람을 불안하게 만들고 기분이 상하게 하며 친구들 사이에 싸움을 일으킬 수도 있다는 점을 알게 되었다. 나아가 아이들은 "똑같은 사람"이고 "같은 학생"이라는 점을 환기시킨다.

같은 학생이니까요. (연구참여자 22)

저는 이게 바로 평등사회라고 생각해요. 나이 적다고 덜 받지 않고. 나이 많다고 더 받는 것도 아니고. 일정하게. 평등적인. 누구나 똑같잖아요. (연구참여자 31)

1년 남짓 기본소득을 경험하면서 아이들은 매점 공유지와 기본소득을 꼭 지키고 싶어졌다. 기본소득을 통해 평등하고 연대가 가능한 공유지를 경험하면서, 이제는 그 공유지를 잃지 말아야 한다는 공유자로서의 자각을 가지게 되었다. 용돈을 받지 않아서 돈이 없다는 사실을 거침없이 드러내며 기본소득을 자신의 권리로서 인식하는 모습도 보인다.

"기본소득이 없어지면 어떨까"라는 질문에 대해서 아이들은 일단 강하게 저항한다. "속상할 것 같"다는 대답이 여러 아이들에게서 쏟아졌다. "돈 있는 사람만 가고 나만 못가니까"(연구참여자 11, 13)라고, 매점 이용을 못하게 되었을 때 다시 차이를 느끼게 될 것에 대해 속상해했다.

"저는 용돈을 거의 안 받아요. 모으려니깐 힘든데. 이제 매점화폐가 없어지면 속상할 것 같아요."(연구참여자 12), "부모님이 맨날 그렇게 가져가면 안 된다고 안 줄 수도 있으니까요."(연구참여자 16) 등 용돈 사용에 따르는 부자유를 걱정하기도 했다.

"다른 친구들 먹는 거 보면, 자기는 돈 없는데 다른 친구 먹는 거 보면 좀 그렇잖아요. 아쉽고. 또 갚아야 하니깐."(연구참여자 17)처럼 친구와의 미묘한 관계의 문제를 떠올리며 걱정하는 아이도 있었다.

### 2) 학부모의 공유지 확장에 대한 책임감

그렇게 시작된 기본소득이 2년여 지속되면서, 매점이 아이들에게 소중한 공간이 될수록 학부모 이사들은 이를 어떻게 유지할 수 있을지 고민이 깊어진다. "잘하는 건가? 혹시라도 기부금이 소진되어서 행복했던 애들이 슬픔이 찾아올까 봐, 작은 돈이지만 (기본소득을) 계속 이어 나갈 수 있을까? 돈이 있어야 하는 건데."(연구참여자 36) "언제까지 기부금으로 하겠냐"(연구참여자 35)는 걱정이 든다.

연구참여자 36은 학부모 이사가 아니고 매점이나 기본소득이 도입될 때 이런저런 우려도 많았지만, 이제는 자신도 매점에 기여할 수 있는 방법이 무엇일지에 대해 생각하고 있다. "매점이 생겨서 애들이 행복하니까, 갑자기 없어지면 그것도 빼앗는 것"이 될 것이라는 점에 생각이 미쳤기 때문이다. "기부를 누가 해 주셨다는 얘기를 밴드에 올려 주시니까. 기부를 하면 애들이 이게 유지가 되는 거구나, 그러면 나도 하면, 더 나아가서는 학부모들이 돌아가면서 조금씩 하면, 그런 생각을 했던 것 같"다. 그래서 "어차피 살 거면, 필요한 건 매점에서 사 주면 그게 애들에게 돌아가는 돈이라는 생각이 있으니까 (여기에서) 쓰는 것도 있는 것 같"다고 말한다.

단지 예산만 있다고 매점과 기본소득이 유지되는 것도 아니다. 학부모 이사인 연구참여자 35는 "선생님은 자주 바뀌고, 교장선생님도 바뀌고. 나중에 저희까지 바뀌면 이어 못 갈 수 있"을 까 봐 걱정이다. 기본소득을 유지하려면, 예산뿐 아니라 담당 교사와 학부모 이사 등 매점과 기본소득을 지켜 나갈 공유자들도 계속 재생산되어야 한다.

이런 걱정은 매점을 운영하면서 친밀도가 높아진 공유자들이 계속 같이할 수 있는 일들을 만들어 나가는 원동력이 되고 있다. "조합원의 날 행사도 한"다. "지난번에 피자 만들기 했는데, 자연드림에서 와서 피자를 그 자리에서 만들어서 토핑도 한 걸 구워서 주면 집에도 가져가고"(연구참여자 33) 하면서 조합원들의 친목을 다져 나간다. 강환욱 교사는 운동장 한편에 목공실을 만들어 아이들과 목공 수업을 하고, 목공실에 재봉틀을 들여와 학부모와 교사가 함께 참여하는 재봉 모임도 한다.

함께하는 일이 늘어나면서 공유지 유지를 위한 아이디어들도 모인다. 교장이 "이장협의회장을 만나서 우리 미싱반 하는데 지역 주민들도 하고 싶은 분 오셔라 했더니, '그래요? 미싱반 있으면 우리 앞치마 좀 만들어 줘요' 이러셨"(연구참여자 33)다. 학교 근처 과수원 농가들은 사과 싸는 종이를 앞자락에 많이 넣을 수 있도록 큰 주머니가 달린 앞치마가 필요하다. "학교에 미싱 공방을 하다 보니 너무 재미있었고, 거기서 배워 왔으면 또 뭔가 봉사를 해야 될 거 같"(연구참여자 35)다는 생각을 하고 있던 학부모들과 교직원들은 합심하여 앞치마 50장을 만들고 있다. "일단은 과수 농사짓는 분들한테 하나씩 무료로 배포하고, 이게 인기가 좋으면 내년에는 팔자고"(연구참여자 33, 35) 생각하고 있다.

목공 수업에서 고학년 아이들은 도마를 만든다. "아이들도 도마도 엄청 잘 만드는데, 시중에서 5만 원, 6만 원 받을 수 있는 도마. 아이들은 재료비 3만 원을 협동조합에서 주고, 목공 수업이 있으니까 아이들이 만들고 나중에 판매하면 수익은 협동조합에 들어가는" 방식으로 기본소득을 유지하는 데에 기여할 수 있을지도 모른다. "고학년들이 저학년에게 주는 서비스라고 얘기할까요? 저학년이 올라가면서 또 (후배들에게) 해 주고. 이게 그러면 한 학교에서 내려오는 전통으로 되는 거잖아요."(연구참여자 35) 아이들에게는 좋은 생활 경험이면서 선후배 간의 호혜적 선물의 전통이 되고, 매점과 기본소득을 유지할 수 있는 재원도 마련할 수 있다는 심산이다.

20대 대선을 앞두고 어린이 기본소득에 대한 사회적 관심이 높아지면서 판동초는 여러 매체에 소개되었다. 그러자 전국에서 기본소득을 지지하는 사람들의 기부금이 모이기도 했다. 이것을 보면서 이런 생각도 한다. "우리도 유튜브를 하면 되지 않냐? 왜냐하면 아이들이 목공 작업을 하는 것도 진짜 아이들이 만든 거고, 나중에 아이가 자기 이름으로 사인, 자기 이름 브랜드로 이렇게 만들 수도 있고, 엄마들도 미싱 배우면 저희가 그냥 재룟값이랑 살짝 수공해 가지고 판매하면 되게 의미 있잖아요. 우리 학교 좋게 봐주고, 기본소득 이거 좋게 봐주신 분들이 그냥 기부만 하게 하지 않고, 우리 조그만 선물처럼 이렇게 하는 건 어떠냐?"(연구참여자 35)

나아가, 협동조합의 사업을 좀 더 확장하면서 전업주부인 학부모들에게 부업을 제공할 수도 있을 것 같다. "그런 엄마들이 협동조합에 들어오면 잠깐씩 이런 수공예를 해서 수익을 내고 그러면 알바처럼, 굳이 읍에 안 나가도 일을 할 수 있겠다. 진짜 온라인쇼핑몰처럼 조그맣게"(연구참여자 35) 꾸려 보는 것도 꿈꾼다.

이런 일들이 실현되기까지는 또 많은 시간과 노력이 필요할 것이다. 그러나 매점 공유지에 모인 공유자들은 공유지의 주인이 되어 이를 유지하고 확장하는 데 책임감을 느끼고 있고, 이것이 또 다른 공유화의 시작일 수 있다는 기대를 안고 있다.

### 3) 강환욱 교사의 공유지 지키기 고민

매점 공유지의 지속가능성을 확보하는 데 가장 큰 난점은 이를 일구어 온 강 교사와 현 교장이 언젠가는 판동초를 떠난다는 사실이다. 현재 충청북도의 초등학교에는 "근무 연한 제한" 규정이 적용되고 있어서, 교사는 한 학교에서 최대 5년, 교장은 3년 정도 근무한다.[*] 강 교사는 곧 학교 이동을 앞두고 있고, 교장은 읍내 큰 학교로 이동할 수 있는 최소 연수를 이미 채웠지만 이동을 보류해 둔 상태다.

두 차례의 공유화에서 강 교사의 역할은 매우 중요했다. 그러니 강 교사의 열정만큼이나, 그가 다른 학교로 전근을 가게 된 이후 매점과 기본소득의 지속가능성에 대한 걱정은 커진다. 또한, 다른 학교에서 매점과 기본소득 도입의 가능성을 점치는 데에서도 강 교사의 헌신은 일견 부담이 된다. 강 교사 같은 교사가 있어야만 가능한 일일 것이라는 짐작이 일의 시작을 어렵게 만들기도 하는 것이다.

한 교사는 "(강환욱 선생님이) 다른 학교에 가게 되면 강환욱 선생님 같은 마음을 가지고 그거를 이끌어 갈 사람이 필요하지 않을까? 어느 순간 흐지부지 돼 버릴까 봐"(연구참여자 34) 걱정이 된다고 말한다. 이와 동시에 다른 학교에서 이런 일이 가능하려면 "초창기 이끌어 갈 사람이

---

[*] 「충청북도교육청초등교육공무원 인사관리기준」(2023년 7월 6일 일부개정)에 따르면, 충청북도교육청 소속의 수석교사 및 교사는 학교별로는 5년까지 근무할 수 있고(제11조), 지역별로는 경합 및 비경합 지역을 고려하여 정해진 근무 연한을 따라야 한다. 보은군의 경우에는 교사는 13년간 근무할 수 있고, 교장은 6년까지 근무할 수 있다(제13조). 일반적으로 교장은 한 개 학교에서 3년씩 나누어 근무한다.

필요한데, 교사들이 이미 가지고 있는 업무에 플러스해서 그 일까지 감당하는 것은 쉽지 않"(연구참여자 34)다고 말한다.

외부 후원자들 의견도 비슷하다. 최 이사장은 "판동초가 강환욱 선생님이 안 계셨으면 못했어요. 선생님 의지가 굉장히 중요하거든요. 그런 의지가 있는 분들이 어쨌든 학교에 계셔야."(연구참여자 38)라고 하고, 군의원은 "누군가가 또 강환욱 선생님 같은 사람이 있어 가지고 학교에서 스스로 만들어 내지 않는 한 이게 자리 잡기는 아직은 힘들지 않을까?"(연구참여자 40) 걱정한다.

강 교사 자신도 앞으로의 지속가능성에 대한 걱정이 있다. "제도가 사라지는 거는 애들한테 되게 상실감이 클 것이라, 최대한 오래 지속하는 것이" 바람이다. 하지만 "이거는 교사에게는 우선 첫째로 업무로 느껴지기 때문에. 부담 없이 참여할 수 있는 게 아니"라는 점을 잘 알고 있다. 더구나 "작은 학교들은 적은 수의 교사들이 여러 개의 사업들을 다 안고 있는데, 사업 하나하나의 규모는 작더라도 행정 업무가 많은" 것이 현실이다. 당장 판동초에서도 강 교사가 떠난다면 그 자리를 채울 후임 교사를 물색하기가 쉽지 않다. 매점뿐 아니라 목공실과 재봉 모임까지 사업을 확장했기 때문에 후임자를 찾기는 더 어려워졌다.

그래서 교사들은 "학부모들의 협조가 절대적"이라고 본다. "선생님들은 가 버리게 되고, 계속 유지를 하려면 움직이지 않을 여기 사람이 필요하"(연구참여자 34)다는 것이다. 강 교사 역시 "제가 없더라도 아마 어머님들이 계속 남아 계시니까. 지금 이 학부모들의 분위기도 막 작년과 올해가 다"르다는 점을 강조한다. "새로운 물이, 새로운 학부모들이 들어오면서 작년보다 더 활성화되는 모양"(연구참여자 32)이라는 점에 큰 기대를 표하고 있다. 또다시 학교 내부의 교직원과 아이들뿐 아니라 학교가 속해 있는 지역의 어른들, 즉 학부모와 지역 주민들의 후원, 그리고 더 나아가 제도화가 중요해질 수밖에 없다.

왼쪽에 있는 집은 목공실이다. 판동초 울타리 안, 학교 건물과 마주 보고 있다. 나무로 된 건축물은 방방이(트램펄린), 주황색 망은 '집라인'이다. 학교의 어른들과 아이들이 목공을 통해 만들어 낸 공간이자 아이들이 가장 좋아하는 핫플레이스다. (사진: 강환욱)

### 4) 교장의 열의와 기본소득의 제도화 모색

교장도 이 공유지를 유지하고 확장하고자 하는 마음을 가지고 있다. 유지와 확장을 위해서는 기본소득 재원 마련이 중요하다. 처음 최 이사장에게서 받았던 100만 원의 외부 기부금이 거의 소진될 무렵, 교장은 자신의 사비로 "100만 원을 내놓고, 100만 원이면 세 달은 할 수 있으니까 우선 이거 갖고 이어 가"(연구참여자 33)라고 할 만큼 성의를 다했다. 판동초는 현재 기본소득에 대한 사회적 관심 속에서 추가로 유입된 기부금이 늘어나면서, 재원 고갈의 위기를 넘기고 있다.

교장과 강환욱 교사는 학교 예산에서 기본소득 재원을 마련할 수 있는지 모색하고 있다. 교장은 "여기는 애들이 적기 때문에 1년에 이삼백만 원 정도면 할 수 있는데, 그 정도 비용은 학생 인권, 복지, 경제 교육 이런 쪽에서 항목을 정해서 조금씩 모으고, 또 일부는 어떤 지원금, 발전 기금

목공실 안에는 목공에 필요한 공구들이 잘 정리되어 있다. 더불어, 재봉반을 위한 재봉틀도 여러 대 구비했다. 목공실은 학교와 마을 구성원들이 함께할 일들을 새록새록 만들어 나가는 공간이 되었다. (사진: 이지수)

이런 데서 같이해서 유지할 수 있을 거라는"(연구참여자 33) 생각을 하고 있다. 그리고 사회적 분위기가 바뀌어서 "만약 흐름이 바뀌면 얼마든지 애들 복지를 위해서 충분히 학교 예산 갖고도 할 수 있다는 생각이 들고, 그러니까 그게 분위기가 중요하"다고 말한다. 그러면서도, "또 관리자가 다른 마인드를 갖고 있거나, 이건 아니다 하는 관리자라면 좀 더 어려움이 있을 수 있"(연구참여자 33)다고도 한다.

학교 예산은 빠듯하고 누구든 자의적으로 사용해서는 안 되는 돈이기 때문에, 학교 안에서 학생 기본소득을 도입하려면 구성원들의 공감대에 기초한 제도화 과정이 필요하다. 무엇보다도 학교장의 동의 정도와 사회적 분위기가 중요하게 작용할 것이다. 그러나 그 정당성과 필요성에 대한 공감대가 형성된다면 학교 예산으로 편성하여 제도화하는 것이 불가능하기만 한 것은 아니다.

## 3. 후원자의 확장

### 1) 지역 주민의 결합

판동초 공유자들이 활발하게 활동하면서 학교와 지역사회가 서로 연계하는 모습도 더욱 많아졌다. 학부모들이 지역사회 일에 '판동초' 이름으로 참여하여 봉사하고, 지역사회는 판동초에 다양한 인적·물적 지원을 해 주는 것이다. 교장 역시 적극적으로 지역사회와 소통하며, 각종 협의회에서 매점과 기본소득에 관한 이야기를 꺼내 호응을 얻어 냈다. 지역 주민은 판동초 어린이 기본소득이 알려지면서 보은 지역이 전국적인 관심을 받은 것에 대해 반가움을 표하며 판동초를 응원했다. 지역 안에서 섬처럼 존재하는 학교가 아니라 주민들과 함께 숨 쉬는 학교가 된 셈이다.

학부모 이사들은 매점 내에서의 주인 역할뿐 아니라 "대추 축제 때문에 한 열흘 봉사를 하"는 등 지역의 일에도 적극적으로 참여한다. 그리고 그렇게 하면 그게 "다 판동으로" 돌아온다고 말한다. "읍내에서 '이런 정보가 있대' 하면, '우리 학교 좀 껴 줘 봐' 하면 연계가 되고 (중략) 나는 몸은 힘들지만 다 혜택을 서로 볼 수 있으니까 좋"(연구참여자 35)다.

20대 대선을 앞둔 2021년 겨울 이재명 대선 후보가 판동초를 방문하면서 전국적인 관심이 쏠렸다. 판동초 아이들은 "대통령 후보와의 간담회에서도 너무 스스럼없이, 어쩜 그렇게 말을 잘 하"는지, "마치 미리 섭외한 아이들같이 자신의 감정 표현을 하는"(연구참여자 40) 대견한 모습을 보여 주었다. 지역 어른들은 학교 일에 더욱 관심을 보이며 뿌듯해 한다. "이재명 지사님이 SNS에다가 판동초등학교 기본소득 글을 올렸잖아요. 그게 신문에도 나고, 또 이 지역 주민들도 알게 되고, 그러니까 '아이고 이제 전국 단위로 놀아?' 막 이러시면서"(연구참여자 33) 학교와 아이들에게 격려를 보냈다. 동문회장(연구참여자 39)은 어린이 기본소득에 대한 지원 의사를 이렇게 밝힌다. "저희들이 다음에 회의를 하면 거기에서 얼마라도, 학생들한테 지원하자고 얘기를 꺼내면 몇 백이라도 건너갈 거예요. 그렇게 하려고, 제가 할 거예요."

여전히 남아 있는 최대의 난제는 "학교 자체의 지속가능성"(연구참여자 32)이다. 아이들이 줄어들고 있기 때문이다. 기본소득으로 판동초가 가진 장점이 알려지면서 "판동초등학교에 학생들이 오고 싶어 하는 사람들 문의가 온"다. 이장에게 "집을 구해 달라"(연구참여자 39)고 말해 둔 외지인들도 늘어난다. 그러나 "시골에 집이 없는 것, 주거가 미비하니까"(연구참여자 39) 오고 싶어도 오지 못하는 것이 현실이다. 이에, 판동초 공유자들은 "그다음에 해야 할 일은 우리가 교육 주택을 만드는 거"라고 생각한다. "학교 땅이 있으니까 어떤 국가 공모 사업이든 뭐든 받아서 학교 주택을 지어야 된"(연구참여자 32)다는 이야기를 나누고 있다.

강환욱 교사는 "'교육 이주 주택'은 이 학교에 다니는 조건으로 제공하는 주택이죠. 한 달에 한 5만 원 내면 한 20평짜리 주택을 길게는 6년 이상 쓸 수 있는"이라고 설명한다. 실제로 제주도에서는 2010년대에 농촌지역 소규모 학교 살리기의 일환으로 마을임대주택사업과 빈집정비사업이 시도된 바 있다(변경화·김승근, 2018).

이장(연구참여자 39) 역시 "농촌에 빈집이 많"다고 운을 뗀다. "군수님하고 협의를 해야겠지만, 기초생활육성사업* 같은 걸 해서 텃밭을 같이 주고" 아이들 키우는 가족이 들어와 살 수 있도록 뭔가를 해 보고 싶다고 말한다.

농촌 마을의 인구를 늘리는 것은 보통 어려운 일이 아니다. 아직은 뚜렷한 계획을 세울 수 있는 상황도 아니다. 그러나 판동초에서 시작된 반향은 퇴조하는 농촌 마을의 활로를 찾아야 한다는 자각, 힘을 모으면 뭔가 할 수도 있겠다는 지역 주민들의 자신감으로 이어지고 있다.

---

* 정식 명칭은 "기초생활거점육성사업".

## 2) 외부 후원인의 결합

공유자들의 공유지 지키기의 노력이 계속되자, 판동초의 기본소득을 지지하는 사람들의 후원이 이어지고 있다. 보은과 아무런 연관이 없었던 외부인들이 기본소득을 매개로 후원자로서 공유자 대열에 합류한다. 기본소득한국네트워크의 정기 후원 협약 및 1, 2차 후원, 수많은 개인의 후원이 이어지면서 2021년 연말에는 500만 원이 넘는 후원금이 모였다. 아이들의 요구에 따라 어린이 기본소득을 주당 3천 원으로 인상할 수 있었다. 기본소득을 2년 이상 유지할 수 있는 재원이 마련되었다.

## 4. 보편적 복지제도에 대한 인식의 확장

어린이 기본소득을 경험하면서 판동초 공유자들은 자신의 위치에서 보편적 복지제도가 갖는 의미를 인식할 수 있었다. 학부모들은 아이들을 위한 보편적 복지제도가 필요함을 느끼고 있다. 예컨대, 연구진이 만약 보은군에 장학 기금이 있다면 성적에 따라 장학금으로 나누어 주는 것과 기본소득으로 모든 아이에게 나누는 것 중 어떤 것을 선호하는지 물었을 때, 한 학부모는 이렇게 대답하였다.

저는 시골에 몇 년째 살다 보니까, 제 아이만 생각을 하는 게 아니라 제 아이가 몸담고 있는 이 고장이 잘됐으면 좋겠는 거예요. 우리 학교가 잘돼야만, 하다못해 내 아이가 졸업을 하고 나중에 사회생활을 하더라도 "나 어디 출신이야", "어느 학교 나왔어", 그렇게 말할 수 있었으면 좋겠는 거예요. 그래서 저는 모든 아이가 다 좋았으면 좋겠고, 모든 아이가 행복을 누리고, 아이들한테 많은 혜택이 가 가지고 아이 있는 가정이 많이 왔으면 좋겠어요. 제 바람이 그거예요. (중략) 누구한테 쏠

리는 것보다 아이들한테 정말 많은 혜택이 갈 수 있는 정책이 되었으면. (연구참여
자 37)

더불어 표현하는 바람은 "아이 있는 가정이 많이 왔으면 좋겠"다는
것이다. 판동초 학부모들도 지역 소멸에 대한 위기감을 지역사회와 공유
한다. "인구 증가 차원에서 보은군이 조만간 없어질지 모른"다는 위기의
식을 느끼며, 아이들을 위한 보편적 복지제도를 확장하는 것이 지역의 인
구 소멸 문제를 해결하는 하나의 방법이 될 수 있다고 기대한다.

동문회장이자 이장협의회장인 연구참여자 39는 농촌기본소득 도입
에 적극적인 찬성 의견을 피력한다. 그는 "4차산업, 저기 때문에, 앞으로
어차피 일자리고 뭐고, 인공지능이니 뭐니, 로봇으로 대체할 거 아니에
요? 일거리가 없으니까 기본적인 거, 일자리를 대체해 가지고 똑같이, 평
등하게 기본소득을 줘야 한다고 본"다고 대답한다. 농사짓기의 어려움에
대해 그는 "인건비 비싸지, 기후가 계속 비만 오지, 풍년이면 많다고 그
래서 가격 폭락하지, 안 되면 없어서 못 팔지. 앞으로 농민들이 최고 힘들
것 같"다고 말한다.

농촌의 어려움, 농업인구 감소에 대한 정부의 정책은 '스마트팜'이
다. 그러나 스마트팜의 시설을 갖추기 위해서 들어가는 비용은 막대하다.
결국 그 비용을 감당할 수 있는 기업이 스마트팜을 운영하게 될 것이고,
"농민들은 나중에 설 자리가 없어지는 것"이다. 그러니 "장기적으로는
기본소득을 주는 게, 그게 맞는 것"이라고 한다.

도의원인 연구참여자 40 역시 "판동초에서 시작한 이런 기본소득이
많은 생각을 저한테 하게 했어요. 많이 배웠어요."라고 말한다.

기본소득이라는 게, 보편적 복지를 얘기하는 거잖아요. 우리나라 사람들이 보편
적 복지에 모두가 다 해당이 되고, 그거 가지고 안 되는 부분에 대해서 지원해 나가

는 복지로, 이렇게 바뀌어 가야 한다고 생각을 해요. 그리고 거기서 나오는 초과수익이나 이런 것들은 세금으로, 통합돼서 세금으로 거둬들이면 되는 거죠. (연구참여자 40)

그는 특히 선별적인 소득보장의 기준을 다른 정부 정책에도 그대로 적용하는 것의 문제를 지적한다. "소득이 없는 분들을 사회보장제도로 지원하고 있는데, (중략) 코로나 상황에서 또 그분들에게 지원을 해"주는 건 문제가 있다는 지적이다. 사실 "그분들은 코로나로 인해서 직장을 잃었거나 소득이 줄었거나 이런 게 아닌데도 계속적으로 코로나로 인한 지원금도 그분들에게 계속 가"게 된다. 선별적 복지를 행할 때 여러 제도의 선별 기준이 합리적이지 않고 결과적으로 정부의 지원이 국민에게 골고루 미치지 못함을 지적하는 것이다.

그는 빈곤해져야만 지원받는 제도 속에서는 열심히 살려고 하는 사람은 오히려 배제된다는 생각도 가지고 있다. 기본소득이 있다면 정부의 지원을 바라지 않고 스스로 열심히 살아가려고 하는 사람들에게 디딤돌이 되어줄 것이고, 정말 견디기 어려운 위기에 처한 사람들에게 용기를 낼 수 있는 기반이 될 것이다. 그래서 기본소득은 한 시민으로서 나의 인권을 존중받는 느낌을 갖게 해 주는 제도라고 말한다.

많은 사람들 중에 정말 나랏돈을 받고 싶어서 어떤 조건을 만드는 사람도 있지만, 그걸 배제하고 내가 열심히 벌어 먹고살고 싶어 하는 사람이 굉장히 많아요. 그러기 때문에 기본소득은 존재해야 한다고 생각해요. 열심히 살아가는 디딤돌이 될 것 같아요. (중략) 또 인생을 살면서 스스로 포기하려는 순간이 굉장히 많거든요. (중략) 굉장히 어려워서 스스로 목숨을 끊거나 아니면 그런 걸 선택하는 걸 볼 때, 기본소득이 만약에 있었다고 하면 그냥 용기 내서 한 발짝, 아니면 내가 다른 방법을 찾을 수 있는 용기, 이런 것들이 가능할 것 같아요. (연구참여자 40)

기본소득은 내가 우리나라 사람이라는 증거라고 생각을 해요. 내가 한 나라에 살고 있는 사람으로서 소속감을 느낀다고 할까, 그런 게 있다고 생각해요. 내가 우리나라 사람으로 살아가면서 인정받는 느낌. 그리고 나의 인권을 존중받는 느낌. (연구참여자 40)

제4부

# 판동초 어린이 기본소득의 의미

# 제7장
# 학교와 마을 잇기- 공유화로 이어지는 횡적 · 종적 연대

## 1. 어린이 기본소득, 공유화의 결과이자 또 다른 공유화의 시작

2019년 9월 팔판동협동조합 매점을 열고, 2020년 10월 판동초 어린이 기본소득을 도입했다. 학교에 누구나 쉴 수 있는 휴게실을 만들고, 아이들을 위한 집라인, 방방이를 만들었다. 운동장 구석진 곳에 목공실이 들어서면서, 아이들에게는 또 하나의 신나는 공간이 생겼다. 이곳에서 아이들은 목공 수업에 참여하고 학교의 어른들은 재봉 모임에 참여한다. 매점과 목공실에 드나드는 발걸음이 많아졌고, 그 발걸음에는 학교 내부 구성원만이 아니라 외부 사람들까지도 참여했다. 마을 어르신부터 지역의 후원자들, 정치인, 대선 후보에 이르기까지 판동초의 어린이 기본소득에 관심을 가지며 응원하는 목소리도 많아졌다.

관심의 초점은 어린이 기본소득이 가져온 효과였다. 아이들에게 학교가 즐거운 공간이 되었다거나 학교에서 편안함과 보호받는 느낌을 갖게 되었다는 것, 나아가 아이들이 친구들에게 베풀 줄 알게 되었다는 것 등, 기본소득이 아이들의 학교생활을 즐겁게 만들었고 바른 인성을 키우는 데 도움이 되었다고 입을 모았다. 부모 눈치를 보지 않고 당당하게 사용하는 돈으로 아이들이 갖게 된 자립성을 강조하기도 했다. 아이들이 소비자로서 경제관념을 배우게 되었다는 점이 부각되며, 다른 학교나 지자체들에 모범 사례가 되기도 했다(박종호, 2022; 최예린, 2022).

인터뷰 기간에 만난 아이들은 이러한 이야기들이 틀리지 않았음을 다시 확인해 주었다. 기본소득으로 인해서 아이들은 용돈이 주는 것과는 사뭇 다른 경제적 여유를 갖게 되었고, 친구들과도 더 많이 어울리게 되었고, 학교생활이 즐거워졌고, 학교에 대한 자부심이 생겼다고 말했다. 소비자로서의 자율성도 커졌다. 아이들에게서 일어난 중요하고 소중한 변화다.

그러나 판동초 어린이 기본소득이 갖는 의미는 이것만은 아니다. 조금 더 과정 중심적이고 입체적인 이해도 필요할 것 같다. 행여 기본소득을 아이들에게 똑같이 매점쿠폰을 주는 것으로만 이해하거나, 기본소득을 도입하니 아이들이 이만큼 성장하고 행복해졌다는 식의 단선적인 결과론으로 몰아가서는 안 된다. 맥락을 지워 버린 채 기본소득만 도입하면 이러저러한 교육적 성과를 얻을 수 있을 거라 예단하는 것도 경계해야 한다. 판동초에는 판동초만의 고유한 맥락과 과정이 있었다.

이 책에서는 판동초의 어린이 기본소득을 공동체를 구성하는 공유자들에 의한 공유화, 그리고 이를 통한 공유지의 (재)생산과 확대의 관점에서 보고자 하였다. 판동초는 오래된 공유지다. 1962년에 개교하여 60년이 넘는 시간을 삼승면과 함께했다. 마을과 학교는 뗄 수 없는 '운명 공동체'다. 마을 어르신이 사유지를 희사하여 학교가 지어졌다는 따뜻한 기억을 공유하고 있고, 학교를 통해 이 마을의 후세들이 훌륭한 "판서"로 성장할 것이라는 기대를 공유하고 있기 때문이다.

그러나 오래된 공유지가 늘 변함없이 생동하는 것은 아니다. 지금의 학교는 하나의 공립 기관으로, 국가가 경영하는 조직으로 남기 십상이다.

학교를 구성하는 학생, 교사, 직원들은 아이러니하게도 일정 기간 머물렀다가 떠나는 손님이 되었다. 마을과 주민은 좀 더 오래 머물겠지만, 학교 밖의 인사들일 뿐이다. 이들은 존중은 받지만 참여는 하지 않는 사람들로 병풍처럼 서 있는 것이 일반적이다. 더구나 소멸위기 지역의 작은 학교들은 고령화한 주민들과 함께 서서히 사그라진다. 판동초 역시 이 대열에 서 있었다.

판동초 어린이 기본소득이 갖는 의미는 그것이 소멸해 가는 공유지에 사람들이 모여 일군 공유화의 결과물인 동시에 새로운 공유화의 시작이라는 점이다. 판동초에 모인 사람들, 즉 학생, 학부모, 교사, 교장은 공유자들이다. 오래된 학교를 하나의 제도화된 공공기관으로만 보지 않고 저마다의 바람을 실현하며 함께해 나갈 공간으로 인식했다. 그 안에 협동조합 매점이라는 새로운 공유지를 만들어 내고 유지하는 데에 마음과 힘을 모았다. 공유자들이 학교를 기초로 공유화를 시작한 것이다. 어린이 기본소득은 이러한 공유화가 있었기에 실현될 수 있었다. 매점 공유지에 기부금으로 들어온 공유부 100만 원이 있었고 그것을 조건 없이 모든 아이에게 똑같이 나누기로 한 공유자들의 결심이 있었기에, 어린이 기본소득이 가능했다. 그러니 기본소득은 매점을 일구어 낸 1차 공유화의 끝에 얻은 성과물이다. 어느 날 갑자기, 어떤 한 사람만의 아이디어로 시작한 것이 아니다. 단지 매점화폐를 똑같이 나누어 주는 행위만을 의미하는 것도 아니다.

한편 기본소득은 매점 공유지를 생동하게 하고 더 큰 공유지를 꿈꾸게 하는 새로운 공유화의 시작이기도 했다. 기본소득을 도입하고 나서 공유지는 다시 활기를 찾았고, 공유자들은 또다시 변화했다. 아이들은 용돈에서 자유로워지고 자립적인 소비자가 되었다. 무엇보다 공유자로서의 주체성을 키우며 평등을 추구하고 차별을 거부하는 성장을 이루었다. 학부모들은 매점 공유지에 기반을 두고 함께하는 활동을 늘렸고, 공유지의 유지와 확장에 대한 책임감을 더 크게 키웠다. 교사와 교장은 기본소득을 제도화하려는 노력을 시작하였고, 마을 주민과 후원자들은 교육 주택을 통해 학교와 마을이 처한 소멸위기에 대응할 수 있으리라는 가능성을 꿈꾸기 시작했다. 그러니 기본소득은 다음번 공유화의 시작점이기도 하다.

기본소득을 통해 촉발된 공유지 확장이 앞으로 어떻게 전개될지, 과연 세상이 '성공적'이라고 부를 만한 가시적 성과를 내며 지속성을 가질지, 아니면 해당 시기에 학교에 있었던 사람들만의 즐거운 교류로 끝맺음할지는 알 수 없다. 판동초의 경험이 다른 학교와 마을로까지 확산할 수 있을지, 아니면 판동초만의 특수한 경험으로 끝날지도 알 수 없다. 물론 후자로 마무리된다고 해도 그 자체로 의미 있는 경험이다. 다만 이번 장에서는 판동초의 경험을 소멸위기지역의 소규모 학교라는 맥락에서, 그리고 미래세대 육성이라는 교육적 목적과 관련하여 조금 더 일반화할 수 있는지 논의해 보려고 한다.


## 2. 소멸위기에 맞서는 지역과 학교: 알맹이는 결국 사람

우리나라의 저출산고령화 경향은 어제오늘 일이 아니다. 통계청이 제시하는 합계출산율은 2018년에 처음으로 1 미만으로 떨어졌고, 2022년에는 0.78을 기록했다. 인구성장률도 2020년 처음으로 역성장을 기록했다. 2019년에 비해 2020년에는 약 2만 명이 감소하였고, 2021년에는 다시 19만 명이 감소하였다. 2022년 12월 31일에는 2021년 12월 31일보다 약 20만 명이 줄어서 감소율도 점점 커지고 있다. (행정안전부 주민과, 2023)

국가 총인구의 감소만이 문제는 아니다. 인구 감소의 지역적 편차가 너무 크다. 수도권과 대도시에서 먼 곳일수록 인구 감소가 현저하다. 지방소멸이 현실화하고 있다. 지방의 현저한 인구 감소는 저출산의 결과이기보다는 인구이동의 문제고 국토불균형발전의 결과다. 지방의 합계출산율이 대도시보다 오히려 높다는 것은 지방소멸위험이 출산력의 문제가 아니라 인구 유출의 문제임을 잘 보여준다. (박진경·김도형, 2020; 허문구 외, 2022).

　2022년에 경제·인문사회연구회는 출산력뿐 아니라 산업구조 등 인구이동 영향 요인들을 고려한 "K-지방소멸지수"를 개발하였다. 이에 근거하여 전국의 228개 시군구를 소멸위험도에 따라 크게 다섯 개(세분하면 여섯 개) 집단으로 분류하였다. 소멸무관, 소멸안심, 소멸예방, 소멸선제대응, 소멸위기가 그것이다. 그리고 소멸위기는 다시 소멸우려와 소멸위협으로 나뉜다. 소멸위기지역은 59개, 소멸위기 단계로 곧 진입할 것이 예상되는 소멸선제대응지역은 57곳이라고 했다. 이 둘을 합하면 전체 시군구의 절반 이상이다. 판동초가 위치한 충북 보은군은 소멸의 위험이 가장 높은 소멸위기지역 중 소멸우려지역으로 분류된다.

　어떤 것이 원인이고 어떤 것이 결과인지를 확언하기는 어렵지만, 지방소멸위험과 통폐합 대상 학교의 비율은 함께 움직인다. 교육부는 지난 30년 이상 농어촌 지역 소규모 학교에 대해 통폐합 정책을 유지해 왔다. 2016년부터는 학생 수 60명 미만의 학교는 "적정규모"에 미달하는 학교로 규정하고 지역 교육청에 통폐합을 권고하고 있다(서덕희, 2019). 학생 수 60명 미만인 초등학교의 분포를 지역소멸위험 정도와 견주어 살펴보면, '소멸위험 매우 낮음' 지역에서는 5.2%의 학교만이 60명 미만이지만, '소멸위험지역'에서는 58.5%가 60명 미만이다(류방란 외, 2018). 2018년 현재, 60명 미만의 초등학교의 비율은 전남 49%, 강원도 48%, 경북 44%, 전북 43%에 이른다. 전남, 강원, 경북은 60명 미만의 중학교도 전체의 40% 이상이다(정민석, 2020). 소멸위험지역에 대한 인구학적 접근과 소규모 학교에 대한 교육학적 접근이 서로 밀접히 관련될 수밖에 없는 이유다.

지방 도시들, 특히 소멸을 걱정하는 지자체들은 어떻게 인구의 유출을 줄이고 유입을 늘릴 수 있을지 방법을 찾아야 한다. 최근 인구학의 논의들은 단지 경제성장의 관점에서 인구와 지역의 관계를 보아서는 안 된다는 점을 강조한다(임동일·황윤진, 2017; 김이선 외, 2019; 박진경·김도형, 2020; 허문구 등, 2022). 인구의 수적 증가만을 지역 경쟁력 확보로 보는 것은 비현실적이다. 인구 전체의 저출산고령화가 심화하고 인구와 경제활동인구가 모두 줄어드는 상황이기 때문이다. 지역에서 살아가는 사람들의 삶의 질이 중요해진다.

지방의 인구 유출을 일자리 부족의 문제로만 보고 기업을 유치하여 인구를 유입하려는 접근도 이미 한계를 드러낸다. 대규모 기업을 유치하여 지역을 부흥한다는 계획은 "4차산업혁명"으로 일컬어지는 산업구조 변화를 반영하지 못한다. 대규모 산업단지를 조성한다고 하여 대규모 고용이 창출되지 않는다. 이미 지역의 청년층이 유출된 상황에서, 외지의 청년이 산업단지의 일자리만을 바라보며 이주하지도 않는다. 인구를 늘리기 위해 산업을 유치하려는 지방 도시들의 안간힘은 수도권의 막강한 인구 흡입력 앞에서 '을'들의 전쟁일 뿐이다. 제로섬게임이 될 수밖에 없다.

그러므로 지방소멸위험에 대한 대응은 좀 더 섬세해야 한다. 사람들이 어디에 살지를 결정하는 데에는 매우 다양한 요인이 복잡하게 영향을 미친다. 일정 지역을 떠나거나 거기로 들어오게 만드는 요인은 일자리의 양과 질, 주택 가격이나 주거 여건, 대기질이나 녹지 등의 환경요인, 치안·교통·의료·교육 등의 생활인프라, 문화인프라 등 거시지표들일 수 있다. 그러나 이들 요인 각각에 대해 어떤 상태를 가치 있다고 여기는지, 또 이들 요인 중에 무엇에 우선순위를 두고 살 곳을 정하는지는 개인마다 다를 수 있다. 또한 개인들이 자기의 살 곳을 정하는 데에는 이러한 거시적 변수뿐 아니라 개인적인 요인들도 작용한다. 지역과 사람에 대해 느끼는 친근감, 낯선 지역에 대한 두려움, 자녀의 교육 환경 등 동반가족에 대한 고려, 새로운 인간관계 형성에 대한 부담감 같은 것들이다. 그러니 인구이동의 전체적인 흐름과 개개인의 선택 사이에는 간극이 있을 수 있다.

지방소멸에 대응하기 위해서는 당연히 중앙정부 차원의 국토균형발전 노력이 전제되어야 한다. 그러나 지방정부들은 자기 지역이 가지고 있는 인구 압출 요인과 인구 유입 요인이 무엇인지에 대해 심도 있게 살펴보아야 한다. 지역의 강점과 매력도를 높이는 요인들을 발견하고 가꾸는 것이 중요하다. 이주와 관련된 개인적, 정서적 요인들도 고려하여, 유입되는 외지인이 환대받고 적응할 수 있어야 한다. 일자리는 여전히 우선 고려되어야 할 변수지만, 일자리의 양뿐 아니라 일자리의 질과 다양성도 중요하다. 일자리뿐만 아니라 교육, 보건, 복지, 여가 및 문화, 교통, 행정에서의 생활환경을 개선하고 실제적인 정주 여건을 향상하는 것이 더 중요해진다. 기업 유치가 아니라 주민의 일상적 삶이 이루어지는 작은 생활 거점을 유지하고 개선하는 데 초점이 맞추어진다.

그러다 보니, 주민의 참여가 중요하다. 그 지역에서 살아가는 사람들은 왜 거기에 남는지, 떠나는 사람은 왜 떠나게 되는지, 새로 들어오는 사람은 무엇에서 매력을 느끼는지, 사람들의 목소리를 들어야 한다. 지방소멸에 대한 방안을 찾는 일이 정부나 지자체의 일방적인 기획과 실행이기만 해서는 성공하기 어렵다는 뜻이다. 주민이 주체가 되어 참여하는 정책과 제도여야 실제로 작동한다.

지방소멸에 대한 인구학적 논의에서, 농어촌 소규모 학교의 폐교는 지역의 생활 거점을 허물어뜨리는 대표적인 요인으로 지적된다. 학교와 병원은 주민이 작은 생활 거점을 유지하며 살아갈 수 있도록 하는 가장 기본적인 생활인프라다. 인구가 감소하고 아이들의 수가 줄어드니 학교를 유지하지 못한다고 하지만, 학교가 폐교되면 더는 그곳에 젊은 청년들이 유입될 수 없다. 지역이 다시 살아날 수 있는 내부 역량을 갖기 어려워진다(김이선 외, 2019). 그러므로 30년 이상 진행된 농어촌 소규모 학교 통폐합 정책은 지방균형발전이나 지방소멸 대응을 위한 인구정책과 상충한다.

우리나라는 1980년대 이후 농촌의 소규모 학교에 대하여 통폐합 정책을 기본으로 유지해 왔다. 서덕희(2019)는 1982년에 농촌 소규모 학교 통폐합 정책이 공식화된 이후 2010년대 즈음부터는 농어촌 학교 간의 경쟁, 선택과 집중을 기조로 하는 정부 지원으로 치달았다고 비판한다. 이명박, 박근혜 정부에서 공식화된 "적정규모 학교" 담론은 소규모 학교를 비정상적인 교육체계로 규정하면서 적정규모의 학교에 정부의 지원을 몰아주는 경향을 가속화했다는 분석이다. 그 결과, 근거가 불분명하고 가변적인 학생 수 기준에 의해 소규모 학교들은 정부의 지원 대상에서 제외되는 사태가 벌어졌다.[*] "집중육성"의 대상으로 선정된 소수의 학교들은 도시 중심주의 관점에서 도시 학생을 위한 농촌 체험의 장으로 대상화되었다는 점도 지적된다.

농어촌의 아동 인구 감소와 학교 소규모화는 여전히 진행 중이다. 소규모 학교가 정말 아이들의 교육에 적절하지 않은 환경인지, 몇 명의 아이들이 있어야 교육에 효과적인 적정규모라고 볼 것인지, 그 근거가 무엇인지에 대한 논쟁도 여전하다. 그러나 30여 년의 학교 통폐합 정책으로 이미 5천 개 이상의 학교가 문을 닫았다(류방란 외, 2018 : 58). 2018년

---

[*] 2016년 교육부는 학교급별, 지역별 적정규모 학교 육성 권고기준을 "개선"하였다. 종전에 "면·도서·벽지지역", "읍지역"의 초중등 학교들의 적정규모는 60명 이하였지만, 이제 읍지역 초등학교는 120명 이하, 중등학교는 180명 이하로 "적정"의 기준이 상향 조정되었다. "도시지역"의 기준은 초중등 모두 200명 이하였지만, 초등은 240명 이하, 중등은 300명 이하로 역시 상향되었다. 결국 2015년까지는 "적정규모"였던 많은 학교가 2016년의 "개선"된 기준에서는 "적정규모"가 아닌 학교가 되어 버렸고, 이는 곧 정부의 재정 지원에서 불리한 위치에 처함을 의미했다(서덕희, 2019: 225). 면·도서·벽지 지역에서는 지금도 60명이 "적정규모"의 정부 기준으로 작동하고 있다.

현재, 면 소재의 초등학교 수는 1,552개교였다. 면 당 1.3개의 초등학교가 있는 셈이고, 초등학교가 하나도 없는 면도 있다. 학교를 더 줄일 수 없는 한계상황에 직면한 것이다(류방란 외, 2018: 94). 학생 수를 기반으로 하는 정책적 대응에서 벗어나 교육의 본질에 충실해야 한다는 요구가 교육계에서도 커질 수밖에 없다.

교육계에서 제기하는 소규모 학교에 대한 대책도 지역과의 상생을 그 중심에 두고 있다. 아이들이 줄어든 작은 학교들을 없애기만 할 수 없고, 학교가 마을에 맞게, 마을과 함께 움직여야 한다고 보는 것이다. 우선은 학교교육 내부의 교육과정 및 교육 방법을 유연화하는 다양한 방안이 모색된다. 등교 시간 조정부터 학년 통합을 포함한 학급 편제의 다양화, 학교급 간의 통합 수업에 이르기까지 교육과정과 교육 방법을 지역과 학교 특성에 맞게 유연화해야 한다는 것이다.

이에 더해 학교가 지역과 상생하는 방안을 찾는 것이 중요해진다. 실생활 중심의 "마을교육과정"을 구성하는 것, "마을교육공동체"를 만들어 학부모와 주민의 학교교육에 대한 참여를 높이는 것, 더 나아가 학교의 기능을 단지 아이들의 교육만이 아니라 지역의 센터로 전환하는 것도 논의된다. 즉 학교를 지역에 개방하여 지역의 중요한 의사결정이 이루어지는 민주적 협의 공간으로 활용하고, 주민들의 평생교육 공간으로 활용하는 방안을 마련해야 한다는 것이다(류방란 외, 2018).

이렇듯 지역재생과 폐교에 대한 인구학과 교육학의 대안은 공히 지역과 학교의 상생이라는 관점을 유지한다. 주민들로부터 도출된 상향식 정책 결정이 이루어져야 함을 강조한다. 산업단지를 조성하고 기업을 유치하는 접근이나 "적정규모"를 정하고 그에 따라 학교를 통폐합하는 식의 접근은 전형적인 하향식 정책이었다. 지역에서 살아가는 주민, 학교에 다니고 있는 아이들과 학부모는 의사결정에 참여할 여지가 없었고 그 실행 과정에서도 배제된다. 이렇게 결정되고 진행된 수많은 계획과 사업은 많은 경우 공허한 구호로 우리 주변을 떠돈다.

시민들로부터 정부로 이관되었던 많은 사업에서 사람들의 마음은 사라지고 예산과 서류만이 남는 경우를 보아 왔다. 사람들이 필요해서 시작하고 뜻이 맞는 사람들이 모이며 함께 키워 나간 일들이 많이 있다. 일 나간 엄마의 아이들을 국가가 돌보지 못할 때, 사람들은 지역에 꼭 필요한 탁아소를 열었고 공부방을 열었다. 경제위기로 실업 가정이 늘어나며 아이들이 방치되니, 지역의 탁아소와 공부방, 그리고 학교까지도 서로 연대하고 힘을 합했다. 마을교육공동체의 시작이다. 이렇게 시작된 일들이 커지고 사회의 중요한 기능으로 자리 잡으면, 정부는 이를 벤치마킹해서 보육시설, 지역아동센터, 드림스타트센터로 이어 갔다. 마을교육공동체를 만들고 유지하는 일을 공모 사업으로 만들어 참여자를 모집했다.

정부와 지자체의 지원은 필요한 일이다. 그러나 정부로 이관된 사업들은 어느새 공무원과 행정조직의 일거리로만 남기도 한다. 사업의 법적 기반, 정부와 지자체의 예산, 담당 조직과 담당자, 관련자들의 회의체, 각종 지침과 서식이 일이 되어 가도록 지원하는 도구가 아니라 의무가 되고 목적이 된다. 알맹이가 빠진 껍데기가 남는 것이다. 알맹이는 결국 사람이고, 그들이 모았던 마음과 활동이었다.

공모라는 형식을 띠는 정부와 지자체의 각종 사업은 실상은 참여자를 선택하기보다는 참여자에 의해서 선택받는 것이다. 시민이 응모하지 않는 공모 사업은 실패하고, 시민이 참여하지 않는 정책은 허울만 남는다. 판동초 사례는 이를 잘 보여 준다. 보은의 주민이 된 강환욱 교사는 2016년에 보은교육지원청이 시작한 행복교육지구 사업에 참여하기로 결심했다. 여기에서 비슷한 뜻을 가진 보은의 다른 주민들을 만났고, 그렇게 모인 사람들은 자발적으로 보은교육협동조합 햇살마루를 만들었다. 뜻을 같이하는 다른 협동조합 사람들도 만났다. 교육청의 마을만들기 사업이나 법에 따라 지원받는 협동조합 제도는 그 전에도 존재했겠지만, 뜻을 공유한 사람들이 선택하기 전에는 사실상 의미를 갖기 어려운 것이다.

판동초라는 오래된 공적 공간에는 마을에 이주한 외지인들의 마음이 모였다. 그들은 새로 이주한 땅에 정착하고자 했고, 아이들의 존재로 인해 가장 먼저, 가장 임의로이 참여하는 공간으로 학교를 선택했다. 판동초 공유자들은 자신들의 공유지를 만들기 위해 충북교육청이 공모한 학교협동조합 지원사업에 응모했다. 판동초의 협동조합 매점이 이렇게 해서 만들어졌다. 판동초 공유자들은 이제 기본소득을 도입하기로 결심했다. 매점 공유지는 생기를 갖게 되었고, 또 다른 공유화를 꿈꾸는 기초가 되었다. 결국 알맹이는 사람이고, 그들은 원하는 것을 얻기 위해 제도를 찾고 선택한다. 그래야 제도는 비로소 의미를 갖게 된다. 이것이 공유화의 힘이다.

결국 소멸위험에 처한 마을과 학교가 살려면, 지금 그 마을에서 살아가는 지역 주민이, 그 학교를 다니는 아이들과 학부모가 주체적인 공유자가 되어야 한다. 공유지는 공유자에게 필요한 장이고 맥락일 때 살아날 수 있다. 그러므로 공유자들이 공유지를 만들고 유지하기 위해 어떤 지원이 필요한지를 지자체와 교육청이 얼마나 잘 이해하고 뒷받침할 수 있는지가 지역소멸위험을 줄이는 핵심 요인이 될 것이다.

판동초에서 이루어진 두 번의 공유화는 공유자들의 주체성을 강화하고 또 다른 공유지를 만들어 나갈 수 있는 기초가 되었다. 어쩌면 교육 주택이라는 지원사업을 통해 공유지를 더욱 확장할 수 있을지도 모르겠다. 보은군과 충청북도, 보은교육지원청과 충북교육청이 기본소득으로 촉발된 이 자생력을 귀하게 여기고 뒷받침할 수 있을까? 어린이 기본소득으로부터 새롭게 시작되는 공유화의 과정이 알맹이로 꽉 채워지기를 기대한다.

## 3. 알맹이가 될 아이들: 어린이 기본소득을 통해 얻은 공유지 감각

판동초에서 일어난 두 차례의 공유화는 미래세대에 대한 어른들의 꿈을 담고 있다. 학교라는 교육의 장에서 일어난 일이니 당연하다. 마을 어른들은 판동초에서 여덟 명의 "판서"가 나올 것이라고 했다. 국가와 사회에 기여하고 마을을 빛낼 미래세대에 대한 기대를 한껏 담고 있다. 판동초 공유화의 출발점이 되어 준 학교협동조합 지원사업도 아이들에 대한 희망을 품고 있다. 이 사업이 추구하는 교육적 목적은 학생들에게 "사회적경제"를 가르치는 것이다. 실제로 판동초의 교사와 학부모는 매점이 생기고 기본소득을 도입하면서 아이들이 자율적으로 경제관념을 익히게 되었다고 말한다. 아이들 스스로도 소비자로서의 자부심을 표현하였다.

2019년부터 각 교육청의 특별교부금으로 학교협동조합 지원 예산이 교부되었다. 국가평생교육진흥원에 학교협동조합 중앙지원센터를 설치하고, 초중고에 사회적협동조합이 생기도록 지원했다. 이를 통해, 2019년 기준 전국적으로 이미 102개의 학교협동조합이 운영되었다(주수원 외, 2019). 학교협동조합을 교육청 차원에서 지원하는 이유는 "학교를 중심으로 지역사회의 다양한 구성원이 참여하는 학교 내 협동조합이 평생학습을 통한 경험기반의 지역상생·사회적경제 교육을 강화하여 지속적으로 미래 인재를 양성할 수 있도록"하려는 것이었다(국가평생교육진흥원 학교협동조합 중앙지원센터, 2023). 학교 안에 협동조합을 만듦으로써 아이들이 사회적경제를 배우고 체험하여 지역상생에도 기여할 수 있는 인재로 성장할 수 있다고 보는 것이다.

한보라(2018: 89)는 서울시와 서울교육청이 2017년에 개발한 초등학생용 사회적경제 교재의 내용을 분석한 결과, 이들 교재가 "공감과 나눔, 협동, 호혜 등의 사회적경제 관련 가치와 태도를 강조하며, 학생들이 협동조합과 같은 사회적경제 조직에 참여함으로써 물질만능주의 가치관에서 벗어나 지속가능한 사회로의 발전을 추구하도록 하는"내용이었다고 소개하고 있다. 주수원 외(2019)도 사회적경제 교육이 학생에게 사회참여 및 협업의 기회를 제공하고 시민성을 함양할 것이라고 설명한다.

사회적경제와 사회적경제 교육은 기존의 경제체계 및 경제 교육에 대한 도전이고 대안이다.

기존의 주류 경제체계는 모든 경제문제가 인간의 필요에 비해서 물질적 자원이 희소하기 때문에 발생하는 불가피한 것이라고 본다. 따라서 경제 교육은 희소자원을 효율적으로 활용할 수 있는 경제적 합리성을 갖춘 미래세대를 양성하는 것에 초점을 두며, 경제학의 기본 원리를 가르친다. 주류 경제학은 이기적인 개별자로서의 개인을 가정한다. 개인은 자신의 만족을 극대화하는 선택을 할 때 가장 합리적인 존재이고, 이러한 개별적 경제행위는 행위자들의 가치지향이나 노력이 아니라 "보이지 않는 손"에 의해 사회 전체의 만족을 극대화하는 선택과 합일될 것이라고 가정한다. 그러나 이러한 합일은 개인의 이익 추구가 다른 사람의 이익과 상충하지 않는 상황, 즉 완전경쟁, 외부성이 존재하지 않는 상황, 거래 당사자들이 대등하게 모든 정보를 알고 있는 상황에서나 가능하다. 이는 우리가 처한 현실과는 매우 다르다. 개인의 이기심이 충돌하는 현실의 장에서 게임의 규칙은 공정하지 않고 분배도 정의롭지 않다. 경제학의 기본 원리를 가르치는 경제 교육만으로 개인 차원의 경제적 합리성뿐 아니라 사회 차원의 경제적 합리성을 발달시킬 수 있을까?(김보연·최민식, 2009).

사회적경제는 산업혁명 이후 자본주의 태동기에 비참한 노동계급의 삶과 사회문제를 겪으면서 등장한 개념이다. 부의 창출에만 관심을 두고 노동계급의 고통에 대한 해결 방안을 찾으려고 하지 않는 정치경제에 대한 대안적 사상이자 사회를 재조직하고자 하는 실천적 학문으로 태동하였다. 현재 우리나라에서는 사회적기업, 협동조합, 자활기업, 마을기업 등 사회적 가치 추구를 표방하는 조직 유형들을 총칭하는 개념 정도로 이해되기도 하지만, 그 본질은 국가나 시장과 달리 시민사회와 공동체가 주도성을 가지고 사회적 가치를 추구하는 경제활동이라는 점이다. 금전적 보상이나 이윤 최대화보다는 사회문제 해결과 사회적 가치를 중시하고, 자본에 의한 지배에 반대하는 개인들이 구성한 결사체의 성격을 지향한다(김신양, 2016). 사회적경제는 "구성원간 협력, 자조를 바탕으로 재화·용역의 생산 및 판매를 통해 사회적가치를 창출하는 민간의 모든 경제적 활동"이며, "구성원의 자발적 참여", "자율경영", "민주적 의사결정" 등을 특징으로 한다(한국사회적기업진흥원, 2023). 영리와 사회적 가치를 동시에 추구하고 시민사회의 연대 협력을 지향한다고 볼 수 있다. 사회적경제 교육은 이러한 사회적경제의 가치와 지향을 미래세대에게 전달하기 위한 교육활동이고, 학교협동조합은 사회적경제 교육의 가장 주요한 장으로서 권장된 것이었다.

판동초 공유자들은 학교협동조합 지원사업을 이용하여 구성원들이 참여하는 경제활동의 장을 마련하였다. 조합의 경제활동에 참여한 사람들 사이에는 정서적 유대감이 쌓였다. 그리고 학교협동조합은 아이들에게는 맛있는 간식을 먹을 수 있고 함께 어울릴 수 있는 공간을, 학부모들에게는 학교를 넘어 지역으로도 스며들 수 있는 기회를, 마을 주민들에게는 이주민들을 포용하며 마을 재생을 꿈꿀 수 있는 단초를 제공해 줄 것 같았다.

그러나 예상하지 못했던 장애물에 부딪혔다. 각 가정의 경제적 형편의 차이, 문화와 가치관의 차이가 용돈을 통해서, 그리고 용돈으로 맺어지는 부모에 대한 종속적 관계를 통해서 아이들에게 그대로 투영되었다. 비슷한 욕구를 가진 아이들임에도, 아이들이 처한 가정환경의 차이로 인해 협동조합은 구성원 사이의 격차를 드러내는 곳이 되어 갔다. 매점에 올 수 있는 사람과 올 수 없는 사람으로 나뉘었고, 알게 모르게 서운함이 마음에 쌓였다. 협동조합에서의 소비활동이 개인 차원의 욕구 해결을 위한 행위로 전락하면서, 사회적경제가 지향하는 협동과 연대의 가치가 위협받게 되었다. 매점이 소수의 아이들만 이용하는 공간이 되어 버린다면, 어렵게 만든 공유지는 다시 탈공유화될 것이다.

매점은 이윤을 추구하지 않는 사회적협동조합이지만, 조합으로 들어온 100만 원의 기부금은 공유지가 창출한 화폐 수익으로서 공유부임에 틀림없다. 매점 공유화가 없었다면 발생하지 않을 수익이었고, 누구 한 사람의 노력의 결과라고 할 수도 없는 돈이었기 때문이다. 매점 공유자들은 이 공유부가 모두의 것이고 모두에게 나누어져야 함을 인식하고 합의했다. 1차 공유화를 통해 내재화했던 자율과 연대의 경험이 있었기 때문에 가능한 결정이었다. 지원받는 아이들은 왜 자기만 지원받는지 순식간에 알아차리겠지만 모르는 척하려고 애쓰면서 지나갈지도 모르겠다.

생각해 보면, 이 결정은 일상적이지 않다. 어쩌면, 집이 어려워서 용돈을 받지 못하는 아이들에게만 지원해 이들이 매점에 올 수 있게 해 주는 것이 더 '합리적'이고 '효율적'인 분배 방식이라고 여겨질 수도 있었다. 지원받는 아이의 이익을 최대화할 수 있고, 100만 원을 더 오래 아껴서 사용할 수도 있는 방식이니 말이다. 속이 깊은 좋은 어른들이라면 지원받는 아이의 마음이 다치지 않도록 남들이 모르게, 낙인찍혔다고 느끼지 않게 선별하고 지원할 방법을 찾으려 애썼을 것이다.

판동초 공유자들은 달랐다. 기본소득 방식의 분배로, 그들은 "평등"과 "연대"를 강화하는 재공유화를 시작할 수 있었다. 그것은 미래세대인 아이들에게는 "모두의 것"에 대한 감각을 경험하게 하는 계기가 되었다. 기본소득은 어떤 의미의 "특별함"도 느끼지 않고 매점을 이용하게 했다. 비로소 매점은 모든 아이들의 공유지가 되었다. 공유지를 지키고자 하는 아이들의 의지를 키웠다. 학부모와 교사에게서도 공유지의 유지와 확장이 정당함을 확인시켰다. 기본소득이라는 2차 공유화가 매점을 만들었던

1차 공유화와 크게 달랐던 것은 외부의 후원자가 늘어나면서 보편적 복지에 대한 공감대를 넓히는 불씨가 되었다는 점이다.

다시 경제 교육으로 돌아가 보자. 교육청이 사회적경제에 대한 교육의 장으로 협동조합이 활용되기를 기대했다면, 판동초 아이들이 조합을 통해 받은 경제 교육은 어떤 것이었을까? 판동초 공유지의 어른들이 아이들에게 전달하고자 했던 경험과 가치는 무엇이었을까?

아이들에게 경제 교육을 해야 한다면, 그것은 개별적인 경제 행위자로서의 합리성에만 매몰되지 않고 시민으로서 갖추어야 할 사회적 합리성을 기르는 것이어야 한다. 경제활동에 참여하는 것이 개인의 사익 추구만을 위한 것이 아니고, 협력과 연대, 다른 사람과 함께 살기 위한 것임을 알려 주어야 할 것이다. 이러한 경제 교육에는, 개별적 행위자 또는 국가권력에 귀속될 수 없는 공유부가 있고 지금도 앞으로도 공유부는 다양한 모습으로 늘어난다는 것, 공유부는 인류 모두의 노력과 기여로 일군 공유지의 일부라는 것, 따라서 개인 또는 국가가 독점할 수 없고 모두에게 분배되어야 할 모두의 몫이라는 것을 미래세대에게 알리는 내용이 포함되어야 한다. 판동초의 어린이 기본소득이 갖는 교육적 의미는 아이들에게 이러한 공유지 감각을 길러 줄 수 있는 장이었다는 점이다. 그렇다면 학교협동조합을 통한 경제 교육은 공유지에 맞는 분배 방식, 즉 어린이 기본소득을 아이들이 경험함으로써 완결성을 가질 수 있지 않을까?

강환욱 선생님의 글 가운데 일부를 다시 읽어 보아야 할 것 같다.

"성우는 기본소득을 흥청망청 써서 걱정이에요."

2학년 친구가 설문조사에 쓴 말이다.

친구에 대한 걱정이 담겨 있다.

그리고 무언가 배운 것을 기준으로 친구를 평가하고 있다. 담임선생님으로부터 기본소득을 한 번에 쓰지 말고 계획을 해서 꼭 필요할 때 지출하라는 그 나름의 경제 교육을 받은 것이다.

'성우는 배가 많이 고팠나 보다. 잘 먹는다.'

'성우는 돈을 흥청망청 쓴다. 한심하다.'

둘 중 어떤 시선으로 친구를 바라보는 것이 더 나을까?

어린이 기본소득에 섣부른 경제 교육의 첨가를 경계하는 이유다.

이 제도가 오래 지속될수록 경제 교육에 대한 요구가 부각될 것이다. 하지만 아직은 아닌 것 같다. 당분간은 지켜봐 주면 좋겠다. 간섭이 필요한 건 문제가 생겼을 때다.

# 제8장
## 판동초 어린이들이 본 매점과 기본소득

판동초 어린이 기본소득을 경험한 아이들에게 매점과 기본소득은 어떤 의미였을까?

먼저 매점을 열고 일 년이 되었을 때인 2020년 9월에 판동초 학생들이 쓴 글들을 보자.

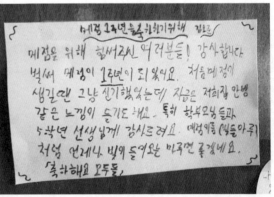

2023년 7월 무렵, 강환욱 선생님은 아이들에게 어린이 기본소득의 경험을 간단한 그림과 글로 표현해 보라고 제안했다고 한다. 이때 만들어진 시화 작품으로 이 책을 마무하고자 한다.

# 매점의 변화

-판동초 엄지후

매점엔 사람이 없어요
돈이 없기 ㄸ대문이에요

용돈을 받지 못해서
용돈을 아끼기 위해서 매점에 오지 않아요

문 앞에서 지켜보기만 하는 사람도 있어요
돈이 없어서요

매점엔 사람이 많아요
기본소득이 있어서요

3천원을 들고 매점에 와요
매주 누구나 조건없이
매점쿠폰을 받을수 있어요

줄이 점점 길어져요
기본소득이 있어서요

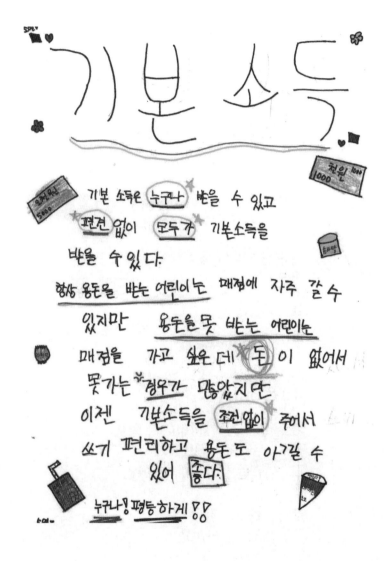

# 기본소득

기본 소득은 누구나 받을 수 있고
편견 없이 모두가 기본소득을
받을 수 있다.

항상 용돈을 받는 어린이는 매점에 자주 갈 수
있지만 용돈을 못 받는 어린이는
매점을 가고 싶은데 돈이 없어서
못가는 경우가 많아지면
이젠 기본소득을 조건없이 주어서
쓰기 편리하고 용돈도 아낄 수
있어 좋다.

누구나! 평등하게 ♡♡

# 기본소득은 우물이다.

기본소득은 우물이다. 옛날 사람들이 우물에서 물을 떠서 행복해진 것처럼 기본소득을 받아 사람도 행복하기 때문이다.

기본소득은 우물이다. 우물이 지하수의 물로 물이 하는 것처럼 기본소득도 기부를 받아 그 돈으로 기본소득을 운영하기 때문이다.

사람들이 우물의 물을 마실 때 서로 나누어 마시면 서로 행복해 하듯 기본소득을 이용해 물건을 사주면 기뻐 하기 때문에 이 사회는 서로 나누어야 한다. 그러므로 기본소득은 모든 사람들 한테 공평하게 나누어 줘서 좋은 건 같다.

# 기 본 소득은 식물

우-한가현

기본소득은 나의마음을 움직인다
기본소득이 있을때는 행복했다가
기본소득이 없을때는 우울하다

어린이기본소득은 식물이다
왜냐면 착한사람들에게 기본금을 받으니까
그 기본금은 물과태양이다

어린이기본소득은 착하다
왜냐면은 조건없이 받을수 있으니까
세상에는 조건을 요구하는것들이 대부분이니까

# 누구에게나 공평한 기본소득

**포도쥬**

기본소득은 학생들에게 있어 하나의 행복입니다.
누구든지 공평하게 나누어주는 '**기본소득**'

1000
천원 1000

기본소득이 없으면 공평하게 누려야할 행복을 다른 누군가는 얻지
못합니다.
하지만 **기본소득**이있는 한 그런 걱정은 더이상 하지않아도 됩니다.

우리 학생들은 기본소득이있어 행복하게 매점을 이용할 수 있습니다.
아무조건없이 얻을 수 있는 **기본소득**이있어 좋습니다.

돼품🔴

산놀조 김희영

# 기 본 소 득이 좋은 이유

• 기본소득을 아무러건 없이 받을 수 있다.

• 매점에서 맛있는 간식을 살 수 있다.

• 매주 받을 수 있다.

• 학교에서 진짜 돈처럼 사용할 수 있다.

# 참고 문헌

국가평생진흥원 학교협동조합 중앙지원센터, 2023. 홈페이지 (https://www.nile.or.kr/usr/wap/detail.do?app=13309&seq=91&lang=ko)

금민, 2020. 『모두의 몫을 모두에게: 지금 바로 기본소득』, 서울: 동아시아.

김낙경, 2021. 〈속리산중학교의 현실과 미래에 대한 걱정〉, 《보은사람들》 2021년 11월 18일. (http://www.boeunpeople.com/news/articleView.html?idxno=59307)

김보연·최민식, 2009. 「경제 교육은 인간을 더 이기적으로 만드는가?」, 『사회과교육』 48(3), 93~116.

김신양, 2016. 「사회적경제의 의미와 관점」, 신명호 등, 『한국 사회적경제의 역사- 이론의 모색과 경험의 성찰』, 한울 아카데미, 9~47.

김이선, 김재인, 김반석, 박경숙, 2019. 「동태적 연령구조 모형에 기초한 지역 유형화와 지역의 인구, 경제, 교육, 복지 환경의 상호관계에 대한 고찰」, 『한국인구학』 42(2), 83~113.

네그리, 안토니오·하트, 마이클, 2014. 『공통체』, 정남영·윤영광 역, 고양: 사월의책. [Hardt, Michael and Negri, Antonio, Commonwealth, Cambridge·Massachusetts: The Belknap Press of Harvard University Press, 2009.]

라인보우, 피터, 2012. 『마그나카르타 선언: 모두를 위한 자유권들과 커먼즈』, 정남영 역, 서울: 갈무리. [Linebaugh, P., The Magna Carta Manifesto: Liberties and Commons for All, Berkeley: University of California Press, 2008.]

로크, 존 (1996). 『통치론』, 강정인·문지영 역, 서울: 까치. [Locke, John, Two Treatises of Government: Second Treatise, Cambridge University Press, 1967.]

루소, 장 자크 (2015). 『인간 불평등 기원론』, 김중현 역, 서울: 펭귄클래식코리아. [Rousseau, Jean-Jacques, Discours sur l'origine, et les fondement de l'inégalité parmi les hommes, Gallimard, 1964.]

류방란, 김경애, 김근태, 김두환, 남기곤, 2018. 『인구절벽 시대 교육정책의 방향 탐색- 지방별 인구 감소 및 학생수 감소 실태를 중심으로』, 한국교육개발원.

박종호, 2022. 〈소비하고 저금하며 "진짜 경제 배워요"〉, 《여수 MBC News+》 2022년 11월 25일.

박진경·김도형, 2020. 『인구감소대응 지방자치단체 청년유입 및 정착정책 추진방안』. 한국지방행정연구원 연구보고서.

반스, 피터, 2016. 『우리의 당연한 권리, 시민배당: 기본소득으로 위기의 중산층을 구하다』, 위대선 역, 서울: 갈마바람. [Barnes, P., With Liberty and Dividends for All: How to Save Our Middle Class When Jobs Don't Pay Enough, San Francisco: Berrett-Koehler Publishers, 2014.]

변경화·김승근, 2018. 「제주도 농촌지역의 소규모학교 살리기를 위한 마을임대주택사업과 빈집정비사업 현황 고찰」, 『한국농촌건축학회논문집』 20(4), 85~94.

볼리어, 데이비드, 2015. 『공유인으로 사고하라: 새로운 공유의 시대를 살아가는 공유인을 위한 안내서』, 배수현 역, 서울: 갈무리. [Bollier, D., Think Like a Commoner: A Short Introduction to The Life of The Commons, New Society Publishers, 2014.]

사이토 고헤이, 2020. 『마르크스의 생태사회주의』, 추선영 역, 서울: 두번째테제. [Kohei Saito, Karl Marx's Ecosocialism: Capital, Nature, and the Unfinished Critique of Political Economy, Monthly Review Press, 2017.]

서덕희, 2019. 「"적정규모 학교"라는 담론의 질서: 농촌 교육정책에 대한 비판적 담론분석」, 『교육사회학연구』 29(2), 195~233.

송진선, 2021. 〈마을의 지속가능성, 작은학교 빼놓고 얘기할 수 없다〉, 《보은사람들》 2021년 5월 27일. (http://www.boeunpeople.com/news/articleView.html?idxno=58017)

스탠딩, 가이, 2021. 『공유지의 약탈: 새로운 공유 시대를 위한 선언』, 안효상 역, 파주: 창비. [Standing, G., Plunder of the Commons: A Manifesto for Sharing Public Wealth, Penguin Books Ltd., 2019.]

오스트롬, 엘리너, 2010. 『공유의 비극을 넘어: 공유자원 관리를 위한 제도의 진화』, 윤홍근·안도경 역, 서울: 알에이치코리아. [Ostrom, E., Governing the Commons: The evolution of institutions for collective action, London: Cambridge University Press., 1990.]

이종억, 2022. 〈충북 전교생 60명 이하 '작은' 학교 급증〉, 《충북일보》 2022년 9월 13일. (https://www.inews365.com/news/article.html?no=731062)

임동일·황윤진, 2017. 「사회 및 환경적 요인이 인구이동에 미치는 효과- 수도권으로부터 강원도로의 인구이동 동인을 중심으로-」, 『지역개발연구』 49(1), 1~31.

정민석, 2020. 「학교폐교 사례를 통한 지방소멸에 대한 경험적 분석」, 『한국정책연구』 20(1), 1~21.

주수원, 이상훈, 강경환, 2019. 『교육협동조합 확장성을 위한 지원·육성 연구. 경기도교육청

연구용역 보고서』.

채은하, 2011. 〈최고은 선배 죽음. 설움과 화가 한꺼번에 터지는 것 같다〉, 《프레시안》 2011년 2월 9일. (https://www.pressian.com/pages/articles/103394)

최예린, 2022. 「어린이·청소년에 '기본소득 시도' 나서는 기초단체·학교들」, 『한겨레』 2022년 1월 31일.

충북행복교육지구, 2017. 충북교육청 누리집 <충북행복교육지구> <자료실> 『2017 충북행복교육지구 사업 계획』

충청북도교육청(학교자치과), 2019. 「2019. 『학교협동조합』 활성화 운영 계획」.

Creswell, John W., 2010. 『질적 연구방법론: 다섯 가지 접근』, 조흥식·정선욱·김진숙·권지성 역, 서울: 학지사. [Creswell, John W., Qualitative Inquiry and Research Design: Choosing Among Five Approaches, Second Edition, Sage Publications, 2006.]

페데리치, 실비아, 2019. 『캘리번과 마녀: 여성, 신체, 그리고 시초축적』, 황성원·김민철 역, 서울: 갈무리. [Federici, S., Caliban and the Witch: Women, the Body, and Primitive Accumulation, Brooklyn: Automonedia, 2004.]

하비, 데이비드, 2005. 『신제국주의』, 최병두 옮김, 파주: 한울. [Harvey, D., 2003, The New Imperialism, Oxford: Oxford University Press.]

한국사회적기업진흥원, 2023. 누리집 <사회적경제 개요>. (https://www.socialenterprise.or.kr/social/econ/sumry.do?m_cd=E060)

한보라, 2018. 「사회적경제교육 교재의 내용구성 및 활용실태」, 『사회과수업연구』 6(2), 89~109.

한인정, 2021. 〈무조건적 지지와 자유화 놀이를 경험하며 자라나는 어린이, 기본소득은 그 바탕〉, 《계간 기본소득》 2021년 봄. (https://basicincomekorea.org/wp-content/uploads/2021/05/BIM-no.8-pp.82-90_%EC%9D%B8%EB%AC%BC-%EA%B0%95%ED%99%98%EC%9A%B1-%ED%95%9C%EC%9D%B8%EC%A0%95.pdf)

행정안전부 주민과, 2023. 2023년 1월 15일 보도자료 「2022년에도 인구감소 이어져 … 3년 연속 감소세」.

허문구 외, 2022. 『지방소멸 시대의 인구감소 위기 극복방안: 지역경제 선순환 메커니즘을 중심으로』, 경제·인문사회연구회 협동연구총서.

Ackerman, B., and Alstott, A., 2006. "Macro-freedom", in "Redesigning Distribution: Basic Income and Stakeholder Grants as Cornerstones for an Egalitarian Capitalism", edidted by Ackerman, B., Alstott, A., and Van Parijs, P., London: Verso.

Caffentzis, G., 2016. "Commons", in "Keywords for Radicals: The Contested Vocabulary of Late-Capitalist Struggle", edited by Fritsch, K., O'Connor, C., and Thompson, A. K., Chico, CA: AK Press.

Centemeri, L., 2018. "Commons and the new environmentalism of everyday life. Alternative value practices and multispecies commoning in the permaculture movement", "Rassegna italiana di Sociologia", 59(2), 289~314.

De Angelis, M., 2017. Omnia Sunt Communia: On the Commons and the Transformation to Postcapitalism, London: Zed Books.

Federici, S., and Caffentzis, G., 2019. "Commons against and beyond capitalism", in "Re-enchanting the World: Feminism and the Politics of the Commons", edited by Federich, S., Oakland: PM Press, 85~98.

Klein, N., 2001. "Reclaim the commons", "New Left Review" May/June, 81~89.

Le Grand, J., 2006. Motivation, Agency and Public Policy, Oxford: Oxford University Press.

Nayak, P. K., and Berkes. F., 2011. "Commonisation and decommonisation: Understanding the processes of change in the Chilika Lagoon, India", "Conservation and Society" 9(2), 132~145.

**이지수** 국립군산대학교 사회복지학과 교수. 주요 역서로『장애학의 쟁점: 영국 사회모델의 의의와 한계』(학지사, 2013),『장애이론- 장애정체성의 이론화』(한국장애인재단 기획총서 8, 2019, 공역) 등이 있다. 주요 관심 분야는 장애인복지와 학교사회복지 .

**서정희** 국립군산대학교 사회복지학과 교수. 주요 저서로『기본소득이 있는 복지국가: 리얼리스트들의 기본소득 로드맵』(박종철출판사, 2021, 공저),『기본소득이 온다』(사회평론, 2018, 공저),『기본소득의 쟁점과 대안사회』(박종철출판사, 2014, 공저) 등이 있고, 주요 역서로『분배의 재구성』(나눔의집, 2010, 공역) 등이 있다. 주요 관심 분야는 기본소득, 불안정노동, 공유지.

**안효상** 기본소득한국네트워크 이사장. 주요 저서로『기본소득 운동의 세계적 현황과 전망』(박종철출판사, 2014. 공저),『기본소득이 있는 복지국가』(박종철출판사, 2021, 공저) 등이 있고, 주요 역서로『기본소득』(창비, 2018),『공유지의 약탈』(창비, 2021) 등이 있다. 주요 관심 분야는 기본소득, 기후변화, 공유지.

**조광자** 독립연구자. 주요 저서로『기본소득의 쟁점과 대안사회』(박종철출판사, 2014 공저) 등이 있고, 주요 역서로『분배의 재구성』(나눔의집, 2010, 공역) 등이 있다. 주요 관심 분야는 기본소득, 분배 문제.

**한인정** 가톨릭대학교 사회복지학과 박사과정. 주요 저서로『어딘가에는 싸우는 이주여성이 있다』(포도밭, 2022)가 있다. 주요 관심 분야는 기본소득, 돌봄, 생태.

**강환욱** 판동초등학교 교사 및 판동초 학교협동조합 팔판동협동조합 이사. 보은교육협동조합 햇살마루 이사. 어린이 기본소득과 노작 중심 교육활동에 애정이 있는 사람.

# 판동초등학교 어린이 기본소득: 학교와 마을을 잇는 공유화

지은이  이지수, 서정희, 안효상, 조광자, 한인정, 강환욱
펴낸곳  박종철출판사

주소  경기도 고양시 덕양구 화중로104번길 28(화정동) 704호
전화  031.968.7635(편집) 031.969.7635(영업)
팩스  031.964.7635

초판 1쇄  2023년 10월 23일

값  20,000원

ISBN  978-89-85022-92-7  03300